DU MÊME AUTEUR

LA LAÏCITÉ AU QUOTIDIEN. Guide pratique, *avec Didier Leschi, Gallimard, « Folio le Forum »*, 2016.

MADAME H., *Gallimard*, 2015.

JEUNESSE DU SACRÉ, *Gallimard*, 2012.

UN CANDIDE EN TERRE SAINTE, *Gallimard*, 2008 *(prix Nomad's)*.

AVEUGLANTES LUMIÈRES. Journal en clair-obscur, *Gallimard*, 2006.

LES COMMUNIONS HUMAINES. Pour en finir avec « la religion », *Fayard*, 2005.

CE QUE NOUS VOILE LE VOILE. La République et le sacré, *Gallimard*, 2004 (*« Folio », n° 4330*, 2006).

LE FEU SACRÉ, Fonctions du religieux, *Fayard*, 2003.

DIEU, UN ITINÉRAIRE, Matériaux pour l'histoire de l'éternel en Occident, *Odile Jacob*, 2002.

L'ENSEIGNEMENT DU FAIT RELIGIEUX DANS L'ÉCOLE LAÏQUE. Rapport au ministre de l'Éducation nationale, *Odile Jacob*, 2002.

CROIRE, VOIR, FAIRE, *recueil d'articles, Odile Jacob*, 1999.

ALLONS AUX FAITS

RÉGIS DEBRAY

ALLONS AUX FAITS

CROYANCES HISTORIQUES, RÉALITÉS RELIGIEUSES

nrf

Gallimard | France Culture

SOMMAIRE

I

LA FABLE HISTORIQUE

II

LE FAIT RELIGIEUX

En me donnant un micro pour deux séries successives de conférences, l'une sur l'histoire, l'autre sur la religion, France Culture m'a permis de résumer et clarifier, en termes simples, les travaux un peu compliqués que je mène depuis quelques décennies sur nos affaires temporelles et spirituelles. Je ne saurais assez remercier sa directrice Sandrine Treiner de m'avoir ainsi donné l'occasion d'apporter ma petite pierre à l'édifice des Lumières, sous l'égide d'une impérissable devise : Rendre la Raison populaire.

Les textes qui suivent transcrivent pour l'essentiel des allocutions regroupées sous le titre Allons aux faits *(été 2016). Vaste programme, qui exige d'inquiéter nombre de lieux communs, ce qui n'est jamais plaisant. Pourquoi ? Parce que nous nous berçons de mots, toujours les mêmes, et que ces mots nous trompent, surtout quand on s'évite de les définir.*

L'histoire ? Elle est censée nous découvrir la vérité des choses : elle nous dorlote avec de fausses croyances. Les religions ? Elles sont censées nous raconter des blagues : elles recouvrent de rudes réalités. Et si l'opium du peuple n'était pas là où l'on pensait ? Et s'il y avait, dans ce qui s'appelle histoire des vérités-mirages, et dans ce qui s'appelle religion, un mentir-vrai ?

C'est à renverser de vieilles et paresseuses oppositions qu'invite ce récapitulatif, diffusé sur l'antenne comme un réveille-matin. Pour ma part, je n'y reviendrai plus. Les ultima verba *sont les paroles du soir. Pour maladroites qu'elles puissent être, elles soulagent le sortant comme une remise de comptes.*

I

LA FABLE HISTORIQUE

L'historien domine la scène culturelle. C'est justice. Nous avions, durant un bon demi-siècle, cultivé le devoir de mémoire, au point d'enclencher une telle guerre des mémoires que s'impose clairement aujourd'hui un devoir d'histoire, à titre au moins d'armistice.

Nul ne se plaindra qu'il soit fait appel, après la déferlante des revendications identitaires et militantes — femmes, Juifs, Corses, Bretons, Noirs, immigrés, Vendéens, gays, etc. —, à une maîtrise plus dépassionnée du passé, plus distanciée, moins centrifuge et morcelée, avec chronologie, courbes, statistiques et documents. Il est bon, cela dit, qu'ait été donnée la parole aux oubliés, et secouée la tutelle des plus forts. Les narrations minoritaires sont venues heureusement ouvrir les placards des palais nationaux.

Mais assumer un passé refoulé est une chose ; s'en servir comme d'un instrument de vengeance en est une autre. Et donc crions bien fort, nous aussi, « Liberté pour l'histoire », derrière Pierre Nora et Françoise Chandernagor, qui la réclamaient hier à bon escient, pour arrêter l'escalade des lois mémorielles.

L'histoire, ultime recours et suprême pensée ? Oui, mais quelle histoire ? à quelle fin ? et avec quels a priori ? S'attachent à ce maître mot trop de fausses évidences pour accepter bouche cousue que sous le nom flatteur de science humaine un épineux problème se présente en solution miracle.

Qu'il nous soit au moins permis d'examiner d'un peu plus près les usages parfois naïfs, ou complaisants, que nous faisons tous, plus ou moins consciemment, d'une rubrique aussi confuse que prestigieuse.

1

L'histoire des héros et son efficace

Il y a plusieurs espèces dans le genre histoire, la savante, la philosophique et la récréative. Mais la plus sérieuse de toutes, parce que pratique et dynamique, est encore l'histoire légendaire, la seule qui peut mettre en mouvement des hommes d'action. Qui ne se raconte pas des histoires ne fera jamais l'Histoire.

Ce qu'on appelle la grande histoire, mais qui n'en est qu'une parmi d'autres, a de quoi envoûter autant que dégoûter. Folle du logis ou bien bréviaire des rois, déploiement de la Raison le long du temps ou bien « conte plein de bruit et de fureur raconté par un idiot », Hegel ou Shakespeare, on sait qu'il y a là un fantôme ventriloque auquel chaque homme d'esprit a prêté qui ses phobies qui ses lubies.

Paul Valéry y voit « le produit le plus dangereux que la chimie de l'intellect ait élaboré… Il enivre les peuples, leur engendre de faux souvenirs… et rend les nations amères, superbes, insupportables et vaines ». L'auteur du *Cimetière marin* est membre de ce Jockey Club des lettres françaises qui ne fraye pas avec l'événement, où trônent Georges

Simenon, Boris Vian, Paul Claudel, Marcel Proust et les surréalistes.

Proust ne s'occupe que du temps perdu ou retrouvé, mais c'est un temps où l'histoire des hommes n'a rien à faire, où la guerre de 14-18 et ses près de vingt millions de morts ne font qu'une ombre en fond de toile. Et tout féru qu'il ait été de révolutions, on a pu dire d'André Breton lui-même qu'il « regardait l'Histoire tomber au-dehors comme la neige », avec l'indifférence qu'inspire aux nobles âmes un épisode climatique parmi d'autres.

Quant aux faits divers et aux rêves, ce qu'ils nous révèlent de l'âme humaine ne changera pas avec les prochaines élections. Le clergé de l'inactuel n'a d'ailleurs pas fait le mauvais choix, si l'on en juge par la place qu'il occupe dans notre panthéon mémoriel, bien supérieure à celle des engagés dans la der des ders, les Romain Rolland, Martin du Gard, Jules Romains ou Jean-Paul Sartre. On serait tenté de dire que la place publique est un lieu à éviter pour les ouvriers des belles-lettres aspirant au Lagarde et Michard, mais si vous demandez à Charles Péguy ce qu'il faut penser de notre fée Carabosse, il vous convaincra que la muse Clio, avec « sa sombre fidélité pour les choses tombées », est « indispensable à la commune humanité ».

Je serais plutôt de ce parti-là, mais je n'aborderai pas cette querelle indécidable.

✧

Je commencerai par rappeler qu'il y a toujours eu plus d'une histoire dans l'Histoire. Nietzsche, à son époque, en distinguait de trois sortes : la monumentale, celle des Pères, qui nous écrase ; l'antiquaire, celle des érudits, qui nous instruit ; et la critique, qui peut nous libérer du passé. Dans la France contemporaine, j'en distinguerais également plusieurs qui se détestent l'une l'autre, sans trop le dire (pour ne pas semer la zizanie dans la profession).

Il y a d'abord, c'est l'aînée de la famille, l'histoire comme *objet d'étude*, pointilleuse et patiente, celle des fouilleurs d'archives, de Thucydide à Fernand Braudel, la discipline qui s'enseigne (ou s'enseignait) en classe, l'histoire-science des professeurs. Nous connaissons, par ouï-dire, ses oublis et ses lacunes. Ils donnent lieu à d'amples débats civiques. C'est assez connu pour que je n'y revienne pas. Aux pédagogues et ministres de prendre les mesures qui s'imposent pour repriser les trous. Ils sont, si j'ose dire, payés pour cela.

Il y a une autre histoire encore plus altière, qui regarde nos vicissitudes du haut d'un belvédère, c'est l'histoire *objet de méditation*, celle dont on attend des leçons, des oracles, et même un sens de la vie. Celle des philosophes, de Vico à Karl Marx en passant par Hegel (à laquelle Michelet lui-même a sacrifié, au tout début comme à la fin de sa carrière d'historien). C'est l'histoire de « l'humanité comme un seul peuple », « la grande journée de l'Esprit » qui va d'est en ouest, la Bible de l'humanité.

L'immense Auguste Comte a beau avoir organisé sa religion de l'humanité autour d'un panthéon de grands hommes pour rappeler les petits à leur devoir, ce fantôme sans couleur ni saveur est aux histoires nationales ce que l'espéranto est aux langues naturelles ou le déisme aux cultes institués. Manquant de corps et de couleur, de conteurs et de contours, l'histoire universelle n'a pas d'hymne ni de cérémonial ni de drapeau. Personne sur cette terre, ni même les dévots du positivisme, ne date ses lettres du « 22 Moïse 227, jour d'Abraham, semaine de Mahomet ». Saluons au passage ces regards d'aigle, mais observons que l'histoire, qui est sortie de leur plume, n'a fondé aucune lignée. Elle n'a ni échauffé les esprits ni réchauffé des cœurs. Zéro dégagement d'énergie.

Il y a enfin la petite dernière, la plus populaire et la plus sympa, l'histoire *objet de consommation*, celle des animateurs de télévision, des sites classés et des promeneurs du dimanche. Ce domaine récréatif va du son et lumière en région aux timbres commémoratifs, du chinage des greniers à la visite des palais de la République un jour par an, du lavoir de village aux escaliers de Versailles et de Sacha Guitry. Cela s'appelle le *patrimoine*, qui nous a fait passer du mémorable au mémoriel ou d'un bien public à un bien de famille, folklorique ou ethnologique, à forte valeur marchande. C'est une histoire en miettes, mais de bon rapport. Ce tourisme du souvenir local répond au besoin d'avoir une petite patrie qui nous tienne chaud, autant dire des racines et des ailes. Il suscite plus de curiosité que d'inquiétude et ne demande, pour exister, nul effort ni lendemain.

Chaque variante a sa place réservée. Les impasses du manuel scolaire meublent nos conversations ; la philosophie de l'histoire, nos bibliothèques ; et les amours clandestines de Marie-Antoinette, nos longues soirées d'hiver. Personnellement, ces trois genres m'enchantent, je ne vois rien d'incompatible entre le faire-savoir des historiens de métier, le faire-croire des fabricants de passe-partout et le faire-voir des entrepreneurs de spectacle. N'avons-nous pas autant besoin de costumes d'époque que de thèses pointues et d'amples panoramas ? Il y a de l'avenir pour ces trois lignes de production : la demande sociale est telle que l'offre s'en renouvelle chaque jour.

Je voudrais plaider ici pour une autre invention de l'esprit, aujourd'hui à la peine, et qui a poussé beaucoup d'ambitieux à l'action, « sœur du rêve » : l'histoire comme *objet d'imagination*, celle qui rassemble, convoque, mobilise, en prise directe sur notre agenda. Tout fantaisiste qu'il puisse être, le roman national a plus d'effets tangibles que l'histoire critique. L'imaginaire est plus vitaminé, mais moins considéré que le professionnel qui débusque le faux des légendes. Il donne du cœur au ventre, élève ses envoûtés au-dessus d'eux-mêmes, tout en leur assurant pour l'avenir des larmes et du sang.

C'est l'histoire qui ressurgit au Kremlin quand la Wehrmacht est dans les faubourgs de Moscou, et à Westminster quand Londres a la Luftwaffe au-dessus du toit ; celle qui conduit un Bonaparte en Égypte parce qu'il a Alexandre le Grand en tête, et un sous-secrétaire d'État à Londres, le 18 juin 1940, parce qu'il a, lui, Lazare Carnot ou Georges Clemenceau en mémoire, ou encore un Argentin dans une jungle bolivienne infernale parce qu'il se souvient de José de San Martín et de Simón Bolívar. Ce rêve éveillé qui ne doute de rien fait marcher parce qu'il marche à l'admiration, et non à la débine, au frisson plus qu'à la logique, au mythe plus qu'à la loupe. Ceux qu'elle pousse dans le dos ont d'ailleurs vocation à devenir eux-mêmes des mythes après leur mort — Napoléon, de Gaulle, Che Guevara.

On ne fait pas l'Histoire sans quelque conte de fées en tête. D'où vient que les écrivains sont plus sensibles à cette fantasmagorie que les intellectuels, parce qu'ils sont plus doués pour les affaires de cœur, et se fient plus à l'émoi qu'à l'idée. Et comme ce sont surtout les dames, dans une tradition peut-être en ballottage, qui inspirent aux messieurs des émotions, on peut lui donner pour pseudo, comme je me suis permis de le faire récemment, le nom de *Madame H.* La Muse de l'histoire, Clio, est du sexe féminin, tout comme ses huit consœurs. En l'occurrence, plutôt du genre Méduse ou Furie que grande sœur aimante. Les Érinyes, par antiphrase les Bienveillantes, qui président aux tragédies d'ici-bas sont des viragos avec torche dans une main et couleuvres dans l'autre. Madame Histoire, avant l'arrivée du Christ, avait une vilaine gueule de fatalité. L'accent monotone du destin, livré aux caprices des dieux, favorisait plutôt en Grèce et à Rome un sentiment d'irrémédiable que celui d'un pari à gagner, ou d'un début prometteur, mais à couronner par un ultime coup de collier.

La condition historique fut inventée en Occident, mais elle a fait chez nous une apparition tardive, comme la notion même d'événement. L'Histoire comme entonnoir des destinées, Pascal l'ignorait : il attendait son jugement de Dieu seul. Voltaire aussi, pour qui l'histoire n'était qu'un genre littéraire, une façon astucieuse de retourner le passé contre le présent. C'est le romantisme qui va faire éclore ce champ magnétique, qui apparaît sur notre sol vers la fin du XVIIIe siècle et s'éteint à la fin du XXe.

« La sensation d'un temps coulant à pleins bords avec toute sa charge orageuse de destin » serait née, selon l'auteur du *Rivage des Syrtes*, quelque part « entre *Les Confessions* de Rousseau et les *Mémoires d'outre-tombe* ». Disons qu'elle disparaît avec Malraux. « Cet énorme courant aveugle qui fascine notre temps depuis un siècle et demi et qu'on appelle l'Histoire » méritait bien, comme tout ce qui est né, de périr un jour. Si l'on songe à ce que cette majuscule a suscité de grandiloquence, de propos emphatiques et pompiers, d'arrogance provinciale, voire narcissique, de forfanterie un peu bébête, style « j'y étais », on ne se plaindra pas trop. Les allocutions présidentielles y ont gagné en sobriété.

Et tant pis pour « la passion française des grands souvenirs », les « mômeries du culte républicain », que brocardait déjà en son temps Karl Marx, qui demandait aux insurgés des barricades parisiennes de « remiser au magasin des accessoires les oripeaux de l'Antiquité ». Nous n'avons que trop suivi son conseil. Marx l'universitaire aurait sans doute moqué Staline en 1941, qui ressuscite Mikhaïl Koutouzov, Alexandre Nevski et Ivan le Terrible pour galvaniser la Russie éternelle, comme le sous-commandant mexicain Marcos a réveillé feu Emiliano Zapata, Hugo Chávez, feu Bolívar, ou le Che, feu San Martín. Comme Jules Michelet a exhumé Jeanne d'Arc. Ce ne sont pas les masses qui font l'Histoire, mais la foule sentimentale, à laquelle les philosophes tournent le dos.

✧

La résurrection romantique des fantômes exemplaires eût été impossible sans la révolution chrétienne. En donnant le sens d'une flèche à l'histoire récidiviste de l'iniquité, le temps, qui s'est mis à courir de la Création du monde à la Résurrection des corps, nous a ménagé une sortie dans l'éternel retour. Il a converti en drame une tragédie où tout était joué d'avance. En s'inscrivant en faux contre l'escalier qu'on monte et qu'on ne descend jamais, conception à ses yeux proprement capitaliste, celle du

« livret de caisse d'épargne », Péguy, notre poète historien, a encore ajouté de l'incertitude à une marche en avant téléologique sous garantie de bonne fin. Si l'on ne met pas un peu de tension dans l'histoire chrétienne du salut, ce toboggan qui commence mal, avec la pomme, mais finit bien, avec le retour du Messie, on finirait par s'endormir et s'ennuyer. Il était bon qu'un éternel présent puisse devenir une « éternelle inquiétude ».

Ce qui nourrit encore aujourd'hui cette intime anxiété, endurer un présent indigne de notre passé, un présent qui déchoit et fait déchoir, ce sont des icônes, des symboles ou des fables. Comme celles qui ouvrent le premier chapitre des *Mémoires de guerre* de De Gaulle :

> Toute ma vie, je me suis fait une certaine idée de la France. Le sentiment me l'inspire aussi bien que la raison. Ce qu'il y a en moi d'*affectif* imagine naturellement la France, telle la princesse des contes ou la madone aux fresques des murs, comme vouée à une destinée éminente et exceptionnelle. J'ai d'*instinct* l'impression que la Providence l'a créée pour des succès achevés ou des malheurs exemplaires.

Autant l'homme d'étude doit oublier sa part d'enfance, autant l'homme d'action a intérêt à la garder bien au chaud. C'est sa botte secrète. Un galopin, le petit Charles, a enjoint à un général de brigade de ramasser les tronçons de l'épée. Les forceurs de destin sont toujours un peu zinzins. La Résistance française s'est construite sur un esprit d'enfance que les installés décorés et vaccinés de l'époque, notamment ses Immortels, pontes et responsables, ne pouvaient à l'évidence prendre au sérieux.

Cette aventure à dormir debout dut bien plus à Edmond Rostand qu'à Charles Seignobos ou à Ernest Lavisse (on sait qu'à l'âge de dix ans le petit Charles a vu *L'Aiglon* au théâtre et en est resté marqué). *Tragédie. Comédie. Vaudeville.* L'intitulé des chapitres de ces *Mémoires* est emprunté au théâtre, qui faisait référence en 1940, question de génération, tout comme le cinéma servit peu après de *guideline* aux cow-boys en costume cravate de la Maison-Blanche. Ce qui n'empêche pas John Ford et John Wayne d'avoir illustré magnifiquement la primauté de l'imaginaire sur le réel. Avec *L'homme qui tua Liberty Valance*, on peut même penser que la messe est dite.

La princesse des contes, c'est de l'eau de rose. La Madone des fresques, c'est de l'image pieuse. Et mon tout, clichés et chromos, fait un moteur à propulsion. Guillaume Tell n'a jamais existé, mais la Confédération helvétique n'existerait pas sans cet archer mythique sorti d'une tragédie de Friedrich von Schiller, ce héros d'opéra en lutte contre les Habsbourg. Le très solide civisme suisse doit beaucoup aux airs de Rossini. Liée comme elle était à l'irréel, l'ex-religion de l'histoire empruntait spontanément les mots de son aînée chrétienne. *Providence, foi, piété.* Chemin de croix et Passion. Ernest Renan a remarqué que « la souffrance en commun unit plus que la joie ». Les deuils ont une vertu de ressourcement, un pouvoir de rassemblement que n'a pas le triomphe. C'est dans l'humiliation, le chagrin, au bord du gouffre, que se réveille le sentiment d'une pente à remonter pour se remettre au niveau d'un passé accusateur. De Gaulle a intitulé le premier chapitre des *Mémoires de guerre*, « La Pente ».

Et Julien Gracq, qui a vécu, lui aussi, les années 1930 comme un lent glissement le long d'un toit, évoque

« l'histoire comme dimension souffrante, inguérissable de la sensibilité ». Inguérissable comme la mélancolie, à ceci près que le « c'était mieux avant », qu'il est convenu de clouer au pilori, n'est pas tiré en arrière, mais poussé en avant par ses souvenirs, vrais ou faux. Manoel de Oliveira, le cinéaste portugais, ne traduisait-il pas *saudade* par espoir ?

Il y a un lien trop inaperçu entre l'esprit d'aventure et le tempérament dépressif (flagrant chez de Gaulle, qui reconstruit la France entre deux coups de blues, au cri répété de « tout est fichu »). Chamfort s'amusait de voir liés « l'humeur mélancolique et l'esprit patriotique », comme si c'était incompatible. Increvable bévue. Le proactif a toujours à son bord l'excitant d'un rétroviseur. On entre dans l'avenir à reculons ou on n'y entre pas. Le conservateur d'aujourd'hui ne se reconnaît-il pas au soin qu'il prend de se moquer des nostalgiques ?

Ce passé d'Épinal qui démangeait et dérangeait a donc perdu son ascendant sur les esprits, submergé par l'*heroic fantasy* de nos séries télévisées. Ses vestiges restent à la vue, mais ne nous parlent plus — colonnes de bronze, arcs de triomphe, monuments, bustes et tombeaux. Et l'on dresse des tribunes place du Panthéon, machinalement. Le cœur n'y est plus, et notre pas de temps oscille entre biographie individuelle et chronique générationnelle (les « je-me-souviens » à la Perec). Ne nous leurrons pas : l'histoire comme appel aux armes, cela ne vit, ne vibre plus. Pour plusieurs motifs.

Le premier, assez étrange, me semble lié à la désacralisation de l'écrit dans notre environnement audiovisuel. C'est à bon escient que nous parlons d'« une page d'histoire » ou encore de « l'histoire qui s'écrit sous nos yeux ». La grande histoire est un atelier d'écriture. Tenir son rang sur cette scène, c'est toujours tenir la plume et les sociétés sans écriture sont réputées sans histoire. L'événement non chroniqué n'en est pas un, il exige une inscription dans la pierre ou sur un papyrus, l'insertion dans une liste, dynastique ou comptable, glorifiant des rois et des dieux. « L'histoire de France, disait Michelet, débute avec la langue française », soit avec le Traité de Verdun. Elle prend fin quand l'usage s'en perd et qu'une autre langue vient la coiffer au poteau. Comme elle le fait en ce moment au fronton du théâtre de l'Odéon à Paris dit de l'Europe barré d'un slogan au néon rayonnant dans la nuit, *The world is yours.* La langue écrite s'étiole ; la lecture d'immersion s'effondre. Les images rayonnantes et prélinéaires des temps paléolithiques ont repris du service.

Nous sommes passés de l'histoire-bataille à l'histoire-problème mais il y a un sérieux problème quand on oublie la narration, ce compromis entre le *verbatim* et l'imposture (comme le vrai se mêle au faux dans nos propres souvenirs). L'histoire, c'est quand la politique est chevauchée par le poétique. Transfigurée en dactyles et spondées par un certain Homère, une rixe intercités dans un coin perdu, ça donne la guerre de Troie. Un chef d'État chevauché par les lettres, ça donne Charles de Gaulle. Un chef d'État chevauché par les chiffres, ça donne François Hollande. Quand le poète s'éclipse, remplacé par l'Insee et l'Ifop, le contrôleur de gestion pique la casquette du capitaine, et les chiffres ne s'en portent pas mieux.

Les hautes figures qu'on garde en médaillon avaient le don de la parole et de la tribune, mais avec un net penchant pour la graphomanie. Soit qu'elles enjolivent rétrospectivement leurs exploits dans des Mémoires, façon

César ou Churchill, soit qu'elles s'attachent préventivement quelque normalien sachant écrire, façon Saint Louis ou Napoléon, Joinville ou Las Cases. D'où vient qu'une société postlittéraire n'est pas seulement posthéroïque mais posthistorique. Et d'abord, si tous les hommes sont égaux, pourquoi y en aurait-il de plus admirables que d'autres ? Chacun n'est-il pas le seul juge de lui-même ? Ce serait s'abaisser que de s'incliner devant tel ou tel. La dérision s'impose, matin et soir, radio-télé, ce qui ne pousse pas à l'émulation avec tous ces suspects qui ont pour nom Saint-Just, Georges Guynemer ou Jean Moulin. Quand un biographe dans le vent ouvre le dossier, c'est en général pour instruire à charge.

Il ne faut pas mélanger le réel et la fiction, dit l'historien sérieux et il a bien raison, c'est l'abécé du métier. Oui, mais le désir de mettre la main à la pâte, chez le pékin lambda, se nourrit de ce mélange même. C'est lui qui incite à vouloir se faufiler dans l'orchestre, ne serait-ce que pour rivaliser avec les premiers violons inscrits au répertoire. Dans un pays où la prise de la Bastille, c'est la faute à Rousseau, ou si l'on tombe par terre, c'est la faute à Voltaire (on ajoutait, en 1940, à André Gide et à Jean Cocteau), la fatwa lancée par l'Université contre le roman national ne va pas favoriser les vocations. Walter Scott et Tolstoï sont d'assez mauvais historiens, mais la victoire de Stalingrad et la bataille de Londres leur doivent certainement beaucoup. Le français a cette particularité d'utiliser un seul terme là où l'allemand et l'anglais en ont deux, *Geschichte* et *Historie*, *story* et *history*, pour désigner le fait et son récit. Dédaigner le récit, c'est éradiquer le fait.

Il y a un autre obstacle à la sortie des clous : le bonheur, qui est le deuil silencieux de la gloire, pour la même raison que la gloire, selon Mme de Staël, est « le deuil éclatant du bonheur ». Les grandes destinées attirent de grandes haines. On comprend, principe de précaution domestique, que nos chefs de rang, qui veulent se faire aimer plus que respecter, optent, en matière d'adversité, pour le régime de croisière du *Canard enchaîné*: quolibets, portraits-charge, indiscrétions. La haine pour de bon leur rendrait la vie impossible, alors que l'aimable désinvolture que suscitent nos ministres ou communicants ou les dédains très ordinaires qu'essuie un président très ordinaire ne poussent pas vraiment à l'assassinat.

Les haines politiques fondent comme neige au soleil une fois « le chêne abattu pour le bûcher d'Hercule », mais, avant le culte posthume, le héros doit souffrir. Sur la route de l'île d'Elbe, dans la calèche qui descendait la vallée du Rhône, Napoléon dut se déguiser en soldat de sa propre escorte pour ne pas se faire lyncher dans les villages qu'il traversait, mais qui se souvient de « l'Ogre » quand il va aujourd'hui aux Invalides ? Quel contemporain se souvient des dix attentats, des appels au meurtre et des vociférations contre de Gaulle ? J'ai vu, parce que je marchais alors à ses côtés dans la rue, François Mitterrand, président de la République, se faire cracher dessus par un passant, et rester impavide. Qu'un tyran s'expose au tyrannicide, c'est le risque du métier, on n'a rien sans rien. Mais Henri IV ? Mais John Kennedy ? Mais Olof Palme en Suède ? Un chef politique n'est grand que par moments, mais la haine qu'il inspire est à vie. Et c'est usant, la haine. Ne jetons pas la pierre à nos petits présidents municipaux. Le droit à la tranquillité, ça fait aussi partie des droits de l'homme.

Il faudrait en outre évoquer, prudemment, le sujet est litigieux, la montée en puissance du féminin sur tous les fronts (y compris à l'extrême droite, où les anciennes forteresses de la virilité, jadis bottées et casquées, ont des femmes pour dirigeantes, en France comme en Allemagne). Le sentiment de l'histoire se nourrissait entre autres de la peinture d'histoire, jadis la plus élevée dans la hiérarchie des Beaux-Arts, aujourd'hui passée de mode. Ce genre réputé, notons-le en passant, était interdit au beau sexe. Mme Vigée-Lebrun n'avait pas ses entrées dans la galerie des Batailles créée par Louis-Philippe au château de Versailles. La représentation du sabre et du canon était un monopole masculin. Comme le Dieu des Écritures, qui est un vieux monsieur barbu, et le père putatif des barbus, l'Histoire avec une grande hache aime le sang et les sacrifices. Or les femmes n'égorgent pas le mouton et n'élèvent pas l'hostie. Dans une boucherie, la dame tient la caisse, mais le mari tient le hachoir. Jeanne d'Arc mise à part, qui dut se couper les cheveux pour monter à cheval, mieux vaut avoir joué aux soldats de plomb plutôt qu'à la poupée pour se tailler une place dans la « bataille d'hommes ».

Les victimes sont vénérées. Les preux et paladins, mis en examen. La disqualification des valeurs combattantes et le déclassement social des militaires en Occident — pas un seul à l'Académie française, c'est sans précédent — traduisent la féminisation des sensibilités au sein d'une culture unisexe : quelqu'un avec un livre en main dans le métro, c'est neuf fois sur dix quelqu'une. Il est heureux que la Croix-Rouge ait désormais meilleure réputation que la Croix gammée et l'étoile rouge, et que l'action d'éclat, pour nous, soit le sauvetage et non le carnage. Que Prométhée ait cédé le pas à Gaïa, notre Terre-Mère, vulnérable et souffrante, n'est pas sans conséquence. « La femme est l'avenir de l'homme », cela peut se traduire, sans trop se forcer, par « la nature est l'avenir de l'histoire ». L'éternel féminin mériterait-il son nom ? Amours, vie privée, souffrance et joie des corps. Ces thèmes dominent la production littéraire d'aujourd'hui, où les dames l'emportent haut la main. Et qui lit encore les romans, hormis nos consœurs ? L'espace intime contre la symphonie héroïque. Frida Kahlo l'a emporté sur Diego Rivera. La première nous touche au cœur, le second nous tombe des yeux.

Il y a peu, des âmes sensibles ont proposé de gommer les appels au meurtre qu'on trouve dans le *Chant de guerre pour l'armée du Rhin* que l'on appelle *La Marseillaise.* « Qu'un sang impur abreuve nos sillons » et autres injonctions fort peu humanitaires rendent notre hymne national pour le moins déphasé. Quand dominent le chanteur, les stars, le banquier et le capitaine d'industrie, il y a des lyrismes anachroniques, sinon choquants, comme il y a des effectifs à réduire dans la fonction publique (en 1983, chez nous, cinq cent soixante-quinze mille hommes servaient dans les Armées, deux cent quarante-deux mille aujourd'hui, neuf mille postes en moins par an). Le fait d'armes n'est plus dans nos livres d'or. Avec la judiciarisation des actes de guerre, il se retrouve dans le box. La raison en est, et qui peut s'en plaindre, que le seuil d'acceptabilité de la mort au combat a baissé en un siècle, chez nous Français, d'un facteur cent (vingt-quatre mille tués le 26 août 1914 laissent le président Poincaré impavide, sept soldats tués en embuscade tétanisent le nôtre, et le pays tout entier). Ce n'est pas notre faute, on ne choisit pas sa date de naissance. Malraux : « Nous autres, nous sommes des gens dont l'histoire a traversé la route comme un char… » Il est normal que la génération dont le seul Panzer qui ait traversé la route est le char fleuri de la Gay Pride soit plus préoccupée par le taux de CO_2 dans l'atmosphère que par l'évanescence de Marignan 1515 dans nos livres de classe.

Il y a un lien de cause à effet entre l'enseignement scolaire et l'engagement adulte, entre ce qu'on a lu ou entendu à l'école et ce qu'on voudrait refaire ou imiter à la sortie. Henri de Gaulle, le père de Charles, était professeur d'histoire et de lettres, et son fils s'est dit redevable à ce professeur d'énergie « de sa foi en la France » : « Elle a grandi en même temps que moi dans le milieu où je suis né. Mon père, homme de pensée, de culture, de tradition, était imprégné du sentiment de la dignité de la France. Il m'en a découvert l'histoire. »

L'introduction à partir de 1769, au collège Louis-le-Grand, de l'histoire comme discipline a formé les hommes de 89. Une révolution étant, comme le dit Péguy, « un reculement de tradition, l'appel d'une tradition moins parfaite à une tradition plus parfaite », c'est une sage précaution pour l'ordre établi que de réduire à l'école les heures consacrées à l'histoire (et notamment à celle de la Révolution française). Le gestionnaire « dynamique, équitable et innovant », qui a fait du mot citoyen un qualificatif passe-partout pour qu'il cesse d'être un sujet incommode, rêve à bon escient d'une jeunesse gavée d'économie, sans références intempestives ni souvenirs incongrus. C'est bien vu, car une révolution n'est jamais qu'une nostalgie qui prend les armes.

Sans la République romaine, pas de révolution française, sans « 93 » pas de Commune de Paris, sans la Commune, pas d'Octobre à Moscou, etc. Et, revers de la médaille, sans la Rome antique, Napoléon n'aurait jamais percé sous Bonaparte, Consul puis Empereur. Renan a beau nous dire qu'il faut de l'oubli pour faire une nation, point trop n'en faut, et à trop secouer le « noble joug du passé », on finit par se priver de tout désir d'avenir. « Puisque tout recommence toujours, lâcha un jour de Gaulle en pleine crise d'optimisme, ce que j'ai fait sera, tôt ou tard, une source d'ardeurs nouvelles après que j'aurai disparu. » Jean Jaurès aurait pu nourrir le même espoir, mais quand on nous ôte la mémoire, on nous ôte l'envie de recommencer. Il est curieux que le ressourcement propulsif dans le révolu, qui permet tous les recommencements, soit jugé réactionnaire et le présentisme amnésique, qui produit le surplace, soit jugé progressiste. C'est drôle et triste.

Le temps qu'il fait a donc succédé au temps qui passe. Le réchauffement climatique renvoie dans ses buts l'histoire-épopée, réduite à « ces splendides horreurs qu'on appelle la gloire ». Voilà une corde à notre lyre qui s'est cassée. Et c'est sans doute pour notre bonheur.

« Malheur aux peuples qui ont besoin de héros », disait Bertolt Brecht. Il n'avait pas tort en ce sens que les héros sont soit des massacreurs, soit des massacrés, et le plus souvent les deux. Ce qu'on appelle, avec des roulements d'yeux, la guerre contre le terrorisme n'appelle, de notre part, ni levée en masse ni sacrifices volontaires, mais d'abord de bons ordinateurs et de valeureux spécialistes de la filoche. Rien qui ressemble aux poilus ou aux soldats de l'An II. Et c'est tant mieux. D'abord, comme disait Chateaubriand, « l'ambition dont on n'a pas les moyens est un crime ». Ensuite, on ne fait jamais l'histoire qu'on veut. À preuve les hommes de 89 qui finissent par instaurer l'Empire et restaurer la puissance de l'État central qu'ils souhaitaient au départ abolir.

Notre obsédé des sondages, notre domestique des

journalistes s'évite ces retours de bâton en se contentant de « bricoler dans l'incurable ». On pourrait presque le remercier de nous mettre à l'abri des toqués qui envahissent l'espace public dès qu'il s'y fait une brèche un peu prometteuse. Et puis, rentrer dans l'arène des bras de fer entre puissances, cela oblige à serrer les rangs, ce qu'interdit l'individualisme régnant, qui préfère battre sa coulpe que battre tambour. Dès qu'un pays relève la tête pour jouer sa partie sur l'échiquier international, chaque habitant est sommé de baisser la sienne (l'orgueil national étant *aussi* une somme de renoncements individuels). Le chacun-pour-soi à tous les niveaux ruine tout projet d'union sacrée, ou de gouvernement de salut public.

En sorte qu'au lieu de pleurnicher sur la fin de notre puissance impériale, nous aurions tout lieu de célébrer notre adieu à Austerlitz et à Verdun, qui est aussi, rappelons-le, un adieu à Waterloo, à Diên Biên Phu et à la honteuse bataille d'Alger. Adieu les reîtres et les Machiavel. Bienvenus les *french doctors.* L'Histoire est tragique et nous voulons de la morale, ce n'est pas compatible.

D'où une redistribution des cartes entre les diverses disciplines que j'évoquais au début. Les philosophies de l'histoire sont au piquet, pour cause d'idéologie. L'ego-histoire se porte bien, et c'est tout naturel quand le souci de soi l'emporte sur le souci du *nous* (terrain abandonné aux idéologues). Disons que le Collège de France se porte mieux que l'histoire de France, et le Puy du Fou encore mieux que le Collège. De là une nouvelle économie de la conscience historique. Chaque époque a droit à une anxiété particulière, et chaque médiasphère s'invente son chronomètre. Tout grand dessein est un dessein à long terme et le court-termisme d'une époque de zapping et de flashs ne voit guère plus loin que la prochaine présidentielle.

Notre addiction aux *breaking news* plonge dans le noir tout ce qui traîne en longueur et « vient du fond des âges ». Et nous sautons à pieds joints du scandale du jour à l'anthropocène, du fait divers au pouls cosmique, sans le niveau intermédiaire. Le temps géophysique, celui qui décide du niveau de la mer et des calottes glaciaires, n'est plus à l'échelle de nos pauvres destinées, celles des cultures et des nations. Sans compter que l'adoucissement et l'allongement de l'espérance de vie rendent un peu déprimants les monuments aux morts, tout en expédiant nos cimetières en banlieue. La mort devient une indécence. Et ce que la puissance publique perd en autorité se regagne en agréments personnels. « À Boston et Venise, notait déjà Stendhal, les gens vivent d'autant plus heureux que le gouvernement est plus déplorable. » Nous n'avons donc pas à nous plaindre. Quand les seules calamités envisageables sont des catastrophes naturelles et industrielles, la politique n'est plus vraiment une aventure. Mais du cabotage dans ce que François Mauriac appelait « le clapotis du quotidien ».

Cette prise de congé n'est pas nécessairement une fin de partie. Ni Samuel Beckett, la seule alternative à Malraux. On peut s'inventer d'autres antidépresseurs que des guerres civiles et des croisades pour se dégourdir les jambes. On peut habiter le monde en poète, et non en prophète, en voyageant les yeux ouverts, et non en halluciné plus ou moins dépité. On peut même trouver du merveilleux dans l'usage du monde tel qu'il est, et non tel qu'il devrait être, et partir sur les routes dans une guimbarde avec un Nicolas Bouvier. Alexandre Dumas est tombé dans la fosse du Panthéon, soit, mais Jules Verne remonte à l'air libre, et l'histoire-géo rejaillit sous nos yeux en géohistoire, les préséances s'inversent et pour cause. Qui peut encore croire qu'un autre monde nous attend demain, un nouveau départ au bout du chemin de nos peines, un séisme qui remettrait le calendrier à zéro (selon la promesse chrétienne ou marxiste) ? L'homme nouveau ne miroite plus à l'horizon, il est à la cave, dans les archives.

Ce constat n'interdit pas de vivre avec deux idées contradictoires en même temps, comme le recommandait F. Scott Fitzgerald, à savoir que les choses sont sans espoir et qu'on doit faire l'impossible pour les changer. Quitte à se placer, Évangile oblige, du côté des humiliés et des perdants, ce qui exige de bien tenir à jour son information, car la distribution des rôles n'est pas gravée dans le marbre. Aucun peuple n'est élu à vie, ni damné *ad vitam æternam.* Les rôles permutent assez vite et les dominés du jour en feront baver demain à leurs dominateurs.

Pour l'heure, se battre contre la loi du plus fort, sans attendre un Sauveur ni la société sans classes et sans État, cela exige un zeste d'abnégation, mais on peut en faire une question d'amour-propre, voire de salut public et de sauvegarde personnelle. Tant il est vrai que l'éclipse de l'*homo historicus* ouvre moins la voie au posthumain qu'à l'*homme zoologique,* celui qui n'a pas de surmoi et qui se conduit comme un chien. Maintenir en vie ce que notre héritage a de moins animal ne sera donc pas une mince affaire. Il y a du pain sur la planche pour qui, tout éloigné qu'il soit des affaires publiques, voudrait tout de même continuer de vivre dans une République « indivisible, laïque, démocratique et sociale ». Je parle à l'échelle locale, bien sûr, c'est un peu étriqué, mais enfin, c'est bien connu, chacun parle pour son saint et voit midi à sa montre. À chaque canton de notre maison commune, son terroir, sa mémoire, et, fort de ce passé, son combat pour un futur qu'on souhaite seulement viable, à défaut d'être glorieux.

2

L'histoire du politique et ses leitmotive

Il semble y avoir des invariants dans la constitution des établissements humains : la limite (extérieure), la hiérarchie (intérieure), la référence (suprasensible). Ces fondamentaux que tire à jour l'examen des longues durées constituent la syntaxe des civilisations, plus connue comme « la force des choses ». Ils suggèrent l'existence d'un véritable inconscient des collectifs, de type non pas psychologique mais organisationnel. Le propre de l'inconscient est de n'avoir pas d'histoire.

« La bêtise n'est pas mon fort », s'excusa un jour Paul Valéry, alias Monsieur Teste. On peut lui pardonner parce qu'il a eu un moment de faiblesse en déclarant un jour que l'histoire était « la science des choses qui ne se répètent pas ». Ça nous rassure, que les plus fortes têtes puissent lâcher des bourdes comme vous et moi. Car l'histoire bégaye, c'est un fait, et pas drôle. L'histoire de quoi ? Celle de l'*homo politicus*, qu'il soit du Ier ou du XXIe siècle, de Chine, d'Amérique ou de France. Et c'est qui cet animal, généralement de sexe mâle (les femmes, dans ce domaine, s'étant plutôt chargées des intérims, mais les voilà qui entrent en nombre dans la carrière) ? L'*homo politicus,* ce n'est pas l'homme en société, qui change et évolue avec elle. C'est l'angoissé qui établit, instaure et institue. Celui qui inlassablement fonde, stabilise, identifie et entend faire durer. Quoi ? Un groupe d'appartenance assez consistant pour lui survivre.

Car il faut distinguer entre *la* politique, qui désigne la compétition, à l'intérieur d'une enceinte déjà constituée, entre classes, clans et individus pour l'occupation ou le maintien au pouvoir, et *le* politique, par quoi s'entend l'organisation des collectivités humaines, ou la conversion d'une brève effervescence en durable appartenance — cité, seigneurie, nation, empire ou fédération. La politique est une écume faite de petites histoires passionnelles ou terrifiantes, dérisoires ou captivantes. Elle polarise l'attention et concentre les dépenses d'énergie (avec, au vu des résultats, un rendement assez faible). Elle s'agite à l'avant-scène. Mais la façon dont s'est constituée la scène elle-même, l'ensemble stabilisé et circonscrit dont il s'agit de prendre les commandes — ou le fait même qu'il y ait un collectif à se disputer plutôt que rien —, échappent en général à la vue.

La politique nous cache *le* politique, comme les joies de la baignade le cycle des marées. Or ce que nous pouvons connaître, depuis les tablettes de l'Euphrate, des groupes historiquement constitués dont on garde archive ou trace, semble loucher vers une histoire où le temps ne fait rien à l'affaire, tant les opérations constituantes se répondent en refrain, de siècle en siècle. En sorte, grand avantage de ce temps immobile, qu'on peut toujours se sentir un peu chez soi quand tel ou tel document nous emmène chez Aménophis IV, Périclès ou Charlemagne. Dépaysé, certainement, mais jamais exilé pour de bon. « Homère est nouveau ce matin et rien n'est peut-être aussi vieux que le journal d'aujourd'hui. » La remarque de Péguy n'est pas celle d'un poète, mais d'un anthropologue, c'est-à-dire d'un historien de ce qui n'a pas d'histoire.

La question pragmatique et prosaïque, chaque fois qu'une multitude informe entend faire transition d'un tas à un tout, a été, est et sera de déterminer 1) qui fait partie du groupe ; 2) qui a le pas sur qui ; 3) au nom de quoi. Il n'y a pas mille façons, pour une foule, de passer d'un état liquide à un état solide, ou du statut de nébuleuse à celui de planète. Il faut 1) une démarcation (jusqu'ici et pas au-delà) ; 2) une référence (à une norme extérieure posée comme supérieure) ; 3) une hiérarchie (une série descendante de juridictions, de devoirs et de statuts). Ce n'est pas d'une gaieté folle, ni moralement très défendable, mais c'est ainsi que ça marche. Où qu'on se mette à fouiller dans les annales, on trouvera en positif, au stade inaugural, les marques de ces trois relations constitutives entre 1) un dedans et un dehors ; 2) un haut et un bas ; 3) un *inter* et un *méta*. Ou, faute qu'ait été satisfait à ces exigences, « la chienlit ubuesque et pathétique » que décrit Julien Gracq dans les derniers jours de la Commune de Paris.

Si vous ne répondez à aucune de ces trois questions cruciales quelle frontière ? quelle chaîne de commandement ? quel dogme en amont ? vous aurez beau aligner sermons et serments, vous aurez beau esquiver ces fâcheuses contraintes parce qu'elles vous font peur ou que vous ne voulez faire de peur à personne, parce que vous êtes plus moral, plus moderne, plus démocratique que vos prédécesseurs — eh bien, votre molécule se décomposera. Ce que vous aviez cru consistant se liquéfiera à court ou moyen terme, phénomène qui porte un nom dans l'histoire d'un pays ou d'un régime, la débâcle, l'équivalent de la colique dans la nôtre. Mettez en regard l'Union européenne — ectoplasme sans vertèbres ni principe suprasensible — et les États-Unis d'Amérique, et voyez la différence. Ici, un château de cartes ; là, une construction nationale.

Je n'oublie pas le discrédit qui pèse à l'Université sur ce qu'elle appelle la pensée par analogie, qui jette des ponts entre les millénaires et les continents. On y préfère l'histoire connectée à l'histoire comparée, susceptible de tirer au jour des archétypes, des goulets d'étranglement, des redites compulsives. Bref, des *invariants.* C'est parce qu'elle nous donne le spectacle de ce qui change que l'histoire, justement, nous permet de discerner, toutes choses égales par ailleurs, ce qui demeure, le schéma transcendantal que n'altèrent pas les stades de développement économique, et que le passage de l'huile de coude au moteur à explosion et du moulin à vent à la centrale nucléaire ne semble malheureusement pas faire beaucoup progresser. Comme il y a de « l'ineffable ethnique » (Leroi-Gourhan), il y a de l'inusable organique. On ne s'en aperçoit pas en « écartant tous les faits », comme le demandait Rousseau, mais au contraire en portant sa vue au loin pour superposer les faits fondateurs d'hier à ceux d'aujourd'hui.

Je n'oublie pas non plus ce qu'il y a de cocasse, et fort déplaisant, dans l'idée d'une trame à très faible variance sous-tendant un domaine voué par nature au « changement, c'est maintenant ». Nouvelle société, nouvelle frontière, nouvel horizon, nouvelle équipe. Le *vir novus* est increvable, le *turn-over* permanent, et le renouveau vieux comme le monde. « Avec moi, ça va changer. » « Rien ne sera plus comme avant. » « Il est grand temps de renouveler notre classe politique. » « Changeons nos propositions et nos comportements. » Nous connaissons tous ces serments d'ivrogne qu'on entend résonner dans le poste à chaque rotation électorale et qui, malgré qu'on en ait, trouvent toujours preneur. L'électeur y revient tous les cinq ou sept ans, comme Chateaubriand dans sa Bretagne natale, où, disait-il, « tout a changé, hors les vagues qui changent toujours ». Le discours du changement, c'est ce qui sur le forum n'a pas pris une ride depuis trois mille ans.

Du sang nouveau, certes, il en faut, pour alimenter la pompe aux rêves et faire tourner la noria des attentes d'échappée belle, vous verrez, le prochain tour sera le bon, enfin. Le cycle obligé du possible, cela se dénie mais ne se dément pas, et c'est tout à notre honneur que de ruer dans les brancards. C'est l'honneur en particulier des révolutionnaires et des démocrates. Les goulets d'étranglement dont je parle ont de quoi mettre la mort dans l'âme — et les tenants du participatif, les nouveaux modes d'action alternatifs, les mouvements sociaux « où chacun peut apporter sa pierre », ont le mérite de vouloir en faire fi.

La force des choses se perd de vue à l'orée des grands élans, au moment des défilés, programmes et discours, et ne se retrouve qu'à la sortie, une fois franchie la porte des ministères, quand succède l'acte à la parole. Ce rappel ne concerne donc pas les Indignés, Occupy Wall Street, Nuit debout ou leurs équivalents, tant c'est celui d'un crève-cœur. Il suffit de voir, pour s'en persuader, ce qu'il est advenu des vaillants utopistes qui se promettaient, de ces astreintes, de faire table rase et qui, au pied du mur, les ont reproduites en plus lugubres. Qu'aura-t-on vu de plus inégalitaire et ritualisé, de plus hiératique et fossilisé, de plus « théocratie sans Dieu » qu'un régime communiste ?

Chassez les fondamentaux par la porte, ils reviennent par la fenêtre, en pire.

Les lois de la gravitation universelle ne se modifient pas avec les millénaires, on en prend son parti, mais qu'il puisse en aller de même pour les lois organiques qui président aux compositions humaines nous hérisse le poil. Nous faisons de la résistance, avec toutes sortes de rites propitiatoires pour conjurer le mauvais sort, et psalmodions avec Rimbaud, de loin en loin, « Ah ! Que le temps vienne / Où les cœurs s'éprennent ! ».

Il n'y a pas de Grand Soir, mais des petits matins miraculeux, il est vrai, où l'on croit pouvoir l'attraper au vol, ce temps égalitaire et fraternel ; on appelle cela l'« illusion lyrique », mais ce temps n'a qu'un temps. Et ces retombées, défrisantes au possible, nous ne voulons y voir que des infortunes dues au manque de chance, ou de caractère, à la malveillance, au reniement des promesses. D'où s'ensuit, chez nos réfractaires provisoirement défaits, mais jamais résignés, gloire à eux, le sempiternel : « Engagez-vous, rengagez-vous, comptez sur nous, cette fois ça va marcher ! » Une rengaine que rien ne peut faire vieillir, toujours fraîche et joyeuse, mais les joies libertaires sont de courte durée.

Il est bon de se cacher que le plafond de possibilité des inventions politiques est plus bas que ce qu'on aime à penser, afin de jouer de son mieux sur les variations de l'invariant. Car il y a du jeu, heureusement, et c'est le jeu de *la* politique précisément, que de déployer tout l'éventail des traitements possibles de l'invariant, et préférer, au chapitre « échelles de grades et dignités », la solution suédoise à l'indienne, le régime du mérite au régime des castes. Il n'en reste pas moins que les formations collectives ayant passé l'épreuve du feu, c'est-à-dire de la durée, peuvent s'interpréter, en vue cavalière, comme les déclinaisons (certaines très appréciables, ô combien) d'un petit nombre de *thèmes* ou de leitmotive.

Que l'*homo viator*, l'homme en route vers un idéal de justice, de paix et d'égalité, témoigne d'une nette tendance à se cogner la tête contre le plafond, c'est le genre de constat que les politiciens, ces VRP d'une drogue en vente libre, l'espoir, n'ont évidemment pas trop intérêt à divulguer. Et cela tombe bien pour eux, comme d'ailleurs pour nous, car leurs rodomontades ont quelque chose de compulsif. Les acteurs de ce théâtre (qui ne fait jamais relâche) sont agis. À leur insu et de leur plein gré.

Tout se passe en effet comme s'il existait un *inconscient du collectif*, à ne pas confondre avec l'inconscient collectif du psychanalyste Jung. Lui non plus n'a pas d'histoire, tout comme celui des individus, sauf qu'il n'est pas d'ordre psychique, mais opératoire, non à base de fantasmes, de souvenirs ou de représentations, mais de procédures et de protocoles, incoerciblement répétés à divers titres par les fondateurs de cités, de colonies, d'empires, mais aussi de régimes, de partis, d'ordres ou d'obédiences. Les clés du Royaume appellent à chaque reprise des gestes de même nature.

✧

Le complexe ou noyau dur de l'organisation mériterait de porter un nom propre, celui de Constantin le Grand, un cas limite, qui serait à l'inconscient collectif ce qu'est l'Œdipe à l'inconscient individuel. Mais ici, c'est de l'attesté. Si Œdipe, chez Freud, n'est que le mythe d'un mythe, sans autres sources que légendaires, l'empereur Constantin renvoie à une réalité bien documentée. Constantin a fait en positif ce qu'Œdipe fait en négatif. Le très-pieux empereur n'a pas tué son père, mais son fils aîné, puis sa femme (en l'an 316). Ce double meurtre nous rappelle à quel point les apôtres du christianisme avaient le sens de l'organisation (Constantin s'était donné le titre de treizième apôtre).

Constantin construit, Œdipe détruit. Le monarque romain a gagné un royaume, le roi de Thèbes a perdu le sien. Freud comparait le déroulement de la tragédie de Sophocle au processus d'une analyse individuelle ; l'épopée de Constantin exhibe le processus d'une synthèse collective, incarnation à ce titre du « bon » gouvernement, au contraire de celle d'Œdipe, incarnation du « mauvais ». Tout ce que cet empereur a touché est devenu solide (en latin *entier*). Même la monnaie : c'est à lui qu'on doit le *solidus* d'or, base d'un système monétaire durable (et ancêtre de nos « sous »). Pendant que l'Occident latin s'en allait à vau-l'eau dans l'effritement barbare, les solides fondations de l'empire d'Orient allaient permettre la survie pour plus d'un millénaire de la civilisation gréco-latine.

Constantin, rappelons-le, est le fondateur de Constantinople, la Nouvelle Rome, la future Byzance, l'actuelle Istanbul, pour laquelle il a repris tous les gestes de la fondation de l'ancienne Rome sur le Palatin par Romulus : la limite sacrée tracée à la charrue, l'invocation à la divinité, la dénivellation hiérarchique (Romulus / Remus, patriciens / plébéiens). On peut voir en lui l'instaurateur de l'ère chrétienne (dont l'an zéro devrait être en rigueur celui de sa mort). « La reine des villes », poste avancé de la romanité installé au point de jonction et d'affrontement de l'Occident et de l'Orient, mériterait d'être à la communauté chrétienne, bien plus que Rome, ce qu'est Jérusalem à la juive ou La Mecque à la musulmane, la ville sainte par excellence. La Rome antique a duré un millénaire, Byzance un peu plus (jusqu'en 1453). Pour l'étude des conditions de formation et de stabilité des agrégats humains, ce laboratoire de longévité est pour le moins digne d'attention.

Sans entrer dans les détails d'une carrière encyclopédique, tel un préliminaire récapitulatif de la suite des temps, comme j'ai tenté de le faire dans un ouvrage un peu copieux (*Critique de la Raison politique ou L'inconscient religieux*, Gallimard, 1981), je résume à gros traits.

À tous les niveaux, souverain, guerrier et théologique, la synthèse faite empereur met en action la devise américaine : *e pluribus unum* (de plusieurs, un seul). Il trouve un empire démembré en une tétrarchie : il instaure une monarchie. Il trouve une mosaïque d'évêchés hostiles les uns aux autres : il regroupe les diocèses en préfectures, et en fait une Église homogène et hiérarchisée sous sa juridiction. Il trouve une doctrine chrétienne éclatée sous l'effet de la crise arienne en mouvances et hérésies diverses : il convoque à Nicée le premier en date des conciles œcuméniques de l'Église (325). Et promeut, avec le symbole du même nom, la première définition dogmatique ayant valeur impérative.

C'est à Constantinople que l'Église issue du Christ fut baptisée *catholikos,* ou universelle, qu'elle reçut la permission de recevoir un legs et que le dimanche fut élevé à la dignité de jour férié. Voilà qui fait de lui beaucoup plus que le fondateur du « césaropapisme » byzantin ou l'ancêtre présomptif des « modernes totalitarismes » : le témoin ou l'exemple d'une très compromettante intrication des genres, en filigrane sous le « rêve de Constantin » — peint par Piero della Francesca : *in hoc signo vinces* (par ce signe, tu vaincras). Si tu veux vaincre Maxence et Licinius, tes rivaux, prends la Croix comme emblème. Elle te protégera et fera ta force.

Ce qui est à refouler en l'occurrence, c'est que notre religion d'amour et de paix est venue au monde par la force des armes (bataille du pont Milvius) et que la vérité du « vrai Dieu » repose depuis dix-sept siècles sur le coup de dés d'un chef de guerre hésitant jusqu'au dernier moment sur la voie à suivre. Il n'y a pas que le Croissant et le Sabre qui ont partie liée. La Croix aussi a un pacte originel avec l'Épée. Comme en a eu dès l'origine la Bible avec le colt dans l'Amérique des *revivals,* qui restent les deux piliers de l'empire d'Occident.

Le complexe de Constantin se refoule par temps de paix et de prospérité, et il émerge impoliment, sans coup férir, dans les périodes critiques, à l'occasion d'un séisme, d'un désastre militaire ou d'un sévère attentat terroriste, quand les choses se gâtent. Il surgit au bord du gouffre, quand une communauté sommée par les circonstances de se ressaisir se voit reconduite, bien malgré elle, au dur désir de durer. L'inconscient est régressif, terriblement conservateur, récurrent comme un mauvais souvenir, vase de Soissons ou œil de Caïn. Ce passé qui ne passe pas, même si l'on fait de son mieux pour s'en débarrasser, son refoulement s'appelle la civilisation.

Il a fallu consentir à des interdits qui déconseillent fortement de tuer son papa et de coucher avec sa maman. On s'en est donné d'autres, en passant du statut au contrat et d'une société d'ordres à une société d'individus, pour ne pas élever des murailles aux frontières, tuer les hérétiques, unifier son pays à coup de trique et d'anathèmes, avec prosternations obligatoires et grades immuables. Mais c'est l'avantage du monstrueux que d'opérer un passage à la limite, qui a un effet de loupe sur des potentialités latentes, incitant à les mettre sous observation. Constantin nous souffle de loin : « Essaye de ne pas en arriver là, par où tu as commencé, mais avec cela il te faudra te battre. Ne fais pas comme moi, mais fais bien attention, car cela est en toi aussi. » Et c'est pour ne pas l'entendre ainsi murmurer que nous mettons sous le boisseau ce genre de monstres emblématiques. Prière de ne pas déranger.

L'ancêtre de la « forteresse Amérique » a délimité un espace, sélectionné une verticale et structuré un dispositif d'allégeance autour d'un symbole, dit de Nicée — le symbole étant, par étymologie, tout ce qui rassemble, à l'opposé du *diable*, qui est tout ce qui divise.

Premier impératif, horizontal : la sécurité, donc le périmètre. Tracer la frontière, ou la ligne rouge. La bourgade grecque de Byzance (Byzos) a été choisie par Constantin comme une citadelle pour barrer le Bosphore aux Barbares (et la fameuse statue de Constantin sur la colonne de porphyre, symbole de la ville, faisait face à l'Orient). Le Vauban de Dieu a procédé par fortifications concentriques : le dogme, « expression et rempart de la foi » ; la foi, « rempart et expression de l'Empire » ; la Ville nouvelle, bouclier de la foi nouvelle (*palladium* défensif), et dont les murailles ont même précédé les habitants.

Né à la périphérie de l'Empire, éduqué sur le *limes* au métier des armes, familier des confins bretons, germains, espagnols, il aura passé sa vie à faire le guet sur tous les chemins de ronde possibles — religieux, géographiques et institutionnels. La définition d'une profession de foi — posée en dogme à Nicée, le premier concile mondial, en 325 — scelle l'unité de l'Empire restaurée. Contre l'hérésie arienne qui humanisait Jésus de Nazareth, le Fils est déclaré « vrai Dieu issu du vrai Dieu, engendré et non créé, donc consubstantiel à son Père ». Et qui n'y souscrit pas est anathème et envoyé en exil. La boucle est bouclée. Cet homme avait la frontière, donc l'organicité, chevillée au corps.

Deuxième impératif, vertical : la consécration puis la dédicace de la nouvelle capitale de l'Empire (en 330). La consécration pour abolir le caractère profane de l'espace ainsi délimité, la dédicace, pour sceller sa sacralité par une allégeance à une entité méta-empirique. S'il faut un rempart à l'horizontale, il faut une transcendance pour vertébrer une cohésion civique et transformer un *ils* en *nous,* quitte à faire des hérésies des « délits contre la chose publique ». Le territorial et le doctrinal ne se divisent pas. Constantin a *d'abord* tracé physiquement un ensemble fermé sur le sol (avec une lance en guise de soc) et *ensuite,* juridiquement, un ensemble fermé de normes dans les textes.

Troisième impératif, la hiérarchie. « Il faut séparer les hommes par des rituels, dit Jean-Paul Sartre, pour les empêcher de se massacrer. » Pas de rituel sans protocoles, pas de protocole sans préséances, grades et titulatures. Constantin a organisé un système d'échelonnements tant dans l'administration de l'Empire que dans son propre entourage, qui a servi de modèle à tous ses successeurs. Saint Paul, avant lui, avait déjà fixé la hiérarchie des ministères — apôtres, préfets et docteurs, en ordre décroissant, ce qui a rendu possible la transmission de la foi, car transmettre c'est organiser, et organiser, c'est hiérarchiser.

Constantin a réparti en trois classes les comtes du Consistoire sacré, le conseil du prince, et c'est en se calquant sur sa cour que le Pseudo-Denys, dit l'Aréopagite, théologien oriental de langue grecque, a réparti en trois classes, comme jadis les voyageurs de la SNCF et des Compagnies maritimes, la cohorte jusqu'alors un peu pagailleuse des anges. Notre protocole diplomatique, tout comme, à Moscou, la troisième Rome, le *tchin* pointilleux de la nomenklatura soviétique, a hérité de ce dénivelé.

Des différents étages du palais constantinien à l'organigramme de la « Maison » Élysée, la conséquence est bonne, à ceci près que l'ordonnateur des cérémonies n'est plus appelé gardien de la « science angélique », mais « chef du protocole ». On ne voit pas que l'organisation en réseau des processus de production, qui a, de fait, considérablement allégé et horizontalisé le monde du travail, ait supprimé les classements hiérarchiques dans le monde politique. De quoi d'autre nos journaux parlent-ils, quand de la course au pouvoir il s'agit ?

Quant au dogme de l'Incarnation, issu du concile de Nicée, il sert encore de socle à notre culture, art pictural et physique mathématique inclus. Il est aussi à l'origine de notre foi politique. En acceptant de naître et de mourir pour nous racheter, le Dieu chrétien a pris les allures d'un Dieu qui marche droit en suivant des lignes courbes. Croire en ce Dieu-processus, c'est postuler que l'Histoire ne procède pas par hasard, venue de rien, allant vers rien, en zigzag et au coup par coup. L'idée qu'il puisse exister un sujet de l'Histoire, et un seul (l'humanité, la nation, le prolétariat), un parcours de l'Histoire, et un seul (la succession unilinéaire des modes de production, des âges de l'esprit humain, des stades du développement technique), une fin de l'Histoire (ou de la préhistoire), et une seule (la révolution socialiste, la Société des Nations, le respect universel des droits de l'homme), nous a longtemps semblé une idée de bon sens. Si elle n'a été vraiment articulée et vécue que dans l'Occident de souche chrétienne, c'est qu'elle traduisait un dogme matriciel, à savoir qu'un seul Dieu a légiféré pour tous les hommes par le truchement d'*un fils unique*, le Christ. Si le Christ avait eu un petit frère, assumé par la doctrine, aucune de nos modernes philosophies de l'histoire n'eût été possible. Et il n'eût pu exister quelque chose comme une logique des événements. La passion de programmer et justifier — stratégie et propagande —, notre fardeau et notre honneur, remonte elle aussi, par Constantin interposé, au verset de saint Jean : au début était le Verbe.

Constantin n'avait rien d'un mystique. C'était un opportuniste prêt à tout pourvu que ça marche. D'instinct il a trouvé, après moult mariages à l'essai avec d'autres divinités tutélaires, Apollon ou le Soleil invaincu, la plus sûre des clés de voûte. On ne pouvait à l'époque remporter une victoire que sous l'égide d'une divinité, avec du flair pour choisir le bon parrain protecteur. Le choix *in extremis* du Dieu caché fut un coup de génie. Les empereurs divinisés, dont le culte assurait jusqu'alors l'unité de l'Empire, n'étaient plus crédibles parce qu'en surnombre, et frappés de précarité. En proliférant, le culte impérial ruinait les bases du civisme, de par la multiplication de divinités allogènes de tout acabit, qui faisait dire à Pétrone : « Notre pays offre une telle foule de divinités qu'un dieu s'y rencontre plus facilement qu'un homme. » À la mort de Dioclétien, par exemple, sept successeurs, tous Augustes et divins, se partagent l'Empire. Trop de loyautés tuent la loyauté. À quel saint se vouer ? En s'humanisant, le demi-dieu se banalisait, le politique perdait son encaisse fiduciaire. La flottaison du fondement métapolitique rendait sans logique ni nécessité la transmission du sceptre.

En frappant une monnaie montrant une main sortant du ciel qui lui tend le diadème, ou encore le monogramme du Christ gravé sur son casque, l'empereur comme personne individuelle descendait des autels, comme simple exécutant de l'ordre divin, mais *ipso facto* l'Empire comme corps collectif y remontait. En se défaussant sur l'Autre comme vicaire de la divinité, Constantin se la déniait à lui-même ; il lui était dès lors possible de gouverner comme il faut, c'est-à-dire au nom et en place d'un grand Autre. *Omnis potestas ab alio*, la formule est de saint Paul et vaut toujours : tout pouvoir est délégué.

L'apparente dégradation symbolique de la tête fut le prix à payer pour la recomposition du corps civique. Ce que le chef de la Cité terrestre rétrocédait à l'épouse du Christ, représentante de la Cité de Dieu, il le recouvrait au centuple en autorité politique. La bonne commandance est lieutenance, elle doit venir de plus haut que soi. Comme la République romaine descendait de Vénus, *via* Énée, l'empereur païen recevait sa divinité de Jupiter ou d'Hercule. Constantin, lui, la tiendra du Christ ressuscité. Après lui, l'empereur ne portera plus le titre d'*Imperator Cæsar* mais de *Dominus noster*. La substitution du dominat au principat est tout le contraire d'une dégradation. Car la majesté est indirecte : elle n'émane pas d'un mortel, elle rejaillit sur lui. En jurant fidélité au Messie, médiateur idéal, Constantin rétablissait les écarts qui allaient s'effaçant entre les plans humain et divin, et s'instituait lui-même en médiateur unique : le culte de l'empereur n'était plus qu'un sous-produit logique du culte du Christ. Et le peuple romain, le seul peuple de Dieu. Une transcendance, c'est une permanence, cela ne meurt pas avec l'individu qui l'incarne ou la représente. Transmission garantie.

Échange monothéisme contre monarchie. Le donnant-donnant d'une consécration réussie. J'étatise votre sacré, vous sacralisez mon État. À terme évidemment, l'instituant devait l'emporter sur l'institué, et l'empire chrétien survivre au christianisme impérial. Mais ainsi fut remédié à la déséconomie d'échelle provoquée par l'engorgement du Panthéon romain. Il est toujours plus facile et rentable de traiter avec un absent qu'avec plusieurs.

✧

L'important dans cette étrange affaire, c'est le lien constant entre clôture en contrebas et ouverture en hauteur : un lieu circonscrit est *ipso facto* un lieu dédié, consacré à une majuscule en surplomb. Je délimite, donc j'invoque. Le Salut, le Paradis, la Patrie, la Justice, la Révolution, la République, etc. Par quel mystère, cet enchaînement ? Pourquoi le regroupement en abscisse s'accompagne d'une référence en ordonnée, à quelque chose de supraempirique, qui a été ou qui sera mais qui, actuellement, n'est pas encore ou plus. Parce que la cohérence d'un groupe humain comme d'un système formel ne peut s'obtenir que par appel à un élément qui leur est extérieur.

J'emploierai ici le terme d'incomplétude, emprunté au logicien Gödel. Son fameux théorème stipule : 1) qu'un système formel d'arithmétique consistant (où l'on ne peut démontrer une chose et son contraire) est toujours incomplet, en ce sens qu'il comporte des propositions indécidables, c'est-à-dire des propositions vraies qui ne peuvent pas être démontrées ; 2) que la consistance d'un tel système peut être formulée mais non démontrée avec les règles du système.

Ce n'est pas extrapoler indûment un résultat scientifique que de voir, dans ce rapport interne/externe, une décisive ressource de pensée. Gödel lui-même, dans sa correspondance, ne s'est pas privé d'utiliser son théorème pour éclairer le fonctionnement des sociétés humaines (lettre du 15 mars 1961). Il formule explicitement une analogie entre arithmétique et société, exposée « dans son comportement à être ou bien inconsistante ou bien incomplète, c'est-à-dire incapable de résoudre certains problèmes d'importance vitale », problèmes qu'elle ne résout qu'en s'adjoignant des « axiomes », c'est-à-dire des définitions ni démontrables ni indémontrables, dont la vérité est extérieure au champ de la démonstration.

La clôture d'un territoire — imaginaire ou physique, ou les deux — exigerait alors son ouverture à un point focal exogène. Loin de se contredire, comme le voulait Bergson, qui opposait morale close et mystique ouverte, les deux moments se supposent l'un l'autre, cohésion interne et référence externe. Aussi l'histoire empirique nous montre-t-elle une concordance entre le tracé d'une frontière, enceinte ou limite (territoriale, doctrinale, administrative ou juridique), et l'invocation d'une idéalité légitimante — principe, dieu, héros, texte ou bataille mythique — placée au-dessus d'une fatalement précaire agglomération, qui s'en trouve à la fois totalisée et pérennisée.

Suspendu par son inconsistance intrinsèque à une irréalité symbolique, le collectif tire sa consistance d'un manque-à-être. C'est ainsi qu'en nous faisant la grâce de ne pas se montrer, voire de ne pas exister, Dieu s'est assuré une belle emprise sur notre imaginaire et les conduites qui en découlent. « Que deviendrions-nous sans le secours de ce qui n'existe pas ? », demandait Valéry, qui savait rendre leur dû aux paradoxes fondateurs de notre incertaine condition.

On peut pousser le bouchon plus loin : l'homme n'est comblé que par ce qui lui manque, ce qu'attestent, à divers titres, notre goût invincible des paradis perdus — « le bonheur, dit Ibsen, ne naît que pour être perdu, seul ce qui est perdu est éternel » —, la chanson du mal-aimé et l'amour courtois pour la princesse absente, l'échappée par le haut des détenus (car on hausse la mire quand on enclôt le corps, dans un monastère ou une prison), notre invention perpétuelle de lieux de mémoire et de grands morts, notre inlassable besoin de nécromants et de confidents de la Providence, comme de plans sur la comète et de science-fiction. Ainsi que l'irremplaçable apport des pompes funèbres à l'entretien des fraternelles, des confréries et des compagnies.

Les obsèques ont la vertu de retendre la toile qui, sans cérémonies funèbres, se laisserait un peu trop aller au flasque, puis à l'effilochage. D'où la joie secrète et quelque peu honteuse qu'inspirent aux survivants, masquée sous des mines d'enterrement, les funérailles du patriarche, le moment fort des familles comme des nations. Les collectifs bien implantés ont une tombe pour lieu de naissance. Et un jour de deuil en guise d'an zéro, règle qui vaut pour les calendriers religieux autant que politiques.

La proposition théorique « les groupes font le plein par le vide » peut se traduire pratiquement par un « Mourez, nous ferons le reste » ou encore « Donnez-moi un mort, et je vous ferai une société », à commencer, bon début, par la société des amis du défunt. La mort de Remus le violeur, le saute-frontière, c'est la naissance de Rome : « une fois les enceintes consolidées par le meurtre de Remus », dit Properce. Mort du Christ, naissance de la foi en la Résurrection (et du mouvement chrétien). Mort de Lénine, naissance en Russie du léninisme, et consolidation du régime (avec sacralisation du parti).

La bien nommée « levée du corps » permet en aval une prise de corps, car faisant monter le défunt en ordonnée, elle transforme et consacre en abscisse une bande d'endeuillés en un cercle d'héritiers. Qu'elle divinise, héroïse ou sanctifie, une disparition physique est de nature à resserrer les liens chez les survivants. Des événements qu'un individu est en droit de tenir, à son échelle, pour des malheurs assez déplorables — le décès d'un chef de file, l'érection d'une palissade au bout du jardin et une profession de foi sous serment, trois choses qui s'appellent l'une l'autre —, c'est ce qui fait ou fera le bonheur d'une communauté en souffrance. Sans le confort et contrefort de laquelle, avouons-le, on se sentirait soi-même un peu perdu, disons encore plus vulnérable et malheureux.

La sagesse des nations s'en va répétant que l'avenir n'est écrit nulle part. Ce n'est ni tout à fait faux ni tout à fait vrai. Pas tout à fait faux parce que l'histoire, comme dit Schopenhauer, c'est toujours la même chose, mais chaque fois autrement, et l'on a tout intérêt, avec ingéniosité et volonté, à travailler cet *autrement*, sans quoi l'on s'embêterait à mourir. Mais ce n'est pas tout à fait vrai, parce qu'on discerne assez bien, dans un secteur d'activité où un espoir enchaîne inéluctablement sur une déception, sous l'imprévisible des aléas événementiels (le nez de

Cléopâtre ou, à Waterloo, Blücher à la place de Grouchy), certains rapports constants entre plusieurs séries de phénomènes qu'on appelle des lois et dont l'ensemble fait un canevas où seule la broderie est permise.

Après tout, on ne sache pas que l'électricité ait supprimé la nécessité de dormir ou de mourir, ni les énergies renouvelables, le chagrin d'amour, ni la connexion Internet, le besoin de rencontres en chair et en os. Admettre que nos marges de manœuvre dans l'invention d'un « vivre-ensemble » ont un très faible degré d'élasticité ou, si l'on préfère, un fort indice de viscosité ne devrait pas nous décourager, mais nous inspirer au contraire une humilité disons prophylactique ou préventive.

Entendons-nous : construire des cités n'est pas l'unique vocation de l'espèce humaine, qui a d'autres cordes à son arc, comme produire des vérités locales, fabriquer de beaux objets, améliorer ses rendements agricoles, aller sur la Lune ou concevoir pour un partenaire la préférence sexuelle exclusive baptisée « amour ». Ce sont là des domaines où le résultat peut correspondre à l'intention et la consoler amplement des déboires qu'elle ne cesse de rencontrer dans sa recherche d'une terre de bonheur idéal.

Juger le congénère sur le seul paramètre du « politique » ne serait pas seulement réducteur, mais déprimant. Nous avons d'autres échelles d'excellence, qui ne relèvent pas du tribunal de l'histoire. Libre à chacun de renoncer aux « grandeurs d'établissement » pour se consacrer à des tâches plus sérieuses ou moins frustrantes : nourrir son chat, tailler ses roses ou noircir du papier. Mais il n'est pas inutile de jeter un regard sur notre passé collectif pour savoir ce que l'on peut ou non escompter, et sur quoi faire fond, dans les programmes d'une vie meilleure.

Il y a là un moyen de faire que l'avenir rédempteur qu'on se donne, à juste titre, sur le papier ou en parole, ne débouche pas sur une énième reprise, après coup, de faux-fuyants ou de mauvais procès. S'épargner d'entrée de jeu quelques séduisants trompe-l'œil, ce n'est pas faire preuve d'un esprit chagrin. C'est faire une économie de chagrins, ou une provision de force d'âme, dès aujourd'hui, face aux déconvenues du lendemain, puisqu'un homme averti, paraît-il, en vaut deux. Après quelques milliers d'années de fins en queue de poisson, il devrait être permis, fût-ce de façon un peu cavalière, de sauter aux conclusions, à ce que Baudelaire appelait « du globe entier l'éternel bulletin ».

Cette poire pour la soif, c'est le genre de cadeau qu'un être humain, parvenu à l'âge des bilans, devrait avoir le droit de s'offrir, après tant de bons et loyaux services collectivement rendus à notre inapaisable « désir d'avenir ».

3

L'histoire des idées et ses injustices

La fabrique de l'histoire des idées opérant, depuis l'aube des temps, sous des contraintes assez bien repérables, qui veut s'y faire une place se doit de les respecter. Mais telles sont ces fourches Caudines et chauvines qu'elles laissent souvent dehors les plus remarquables des producteurs d'idées.

Si l'humanité se construit de siècle en siècle sur le socle de ce qui dure, il est humain de se demander ce qui va bien pouvoir rester de tout ce qui nous file aujourd'hui sous le nez. En termes plus châtiés : quelle part des flux du moment est appelée à faire stock plus tard. Nous savons tous qu'il se fera un tri dans ce qui résonne et scintille sur les présentoirs des Relay et les panneaux Decaux, et l'on est curieux de savoir ce qui, dans cinquante, cent ou deux cents ans d'ici, s'extraira des armoires et des disques durs, puisque tout fait trace et se garde à l'ère numérique — « archivez, archivez, dit Pierre Nora, il en restera toujours quelque chose » —, pour alimenter les manuels scolaires, encyclopédies, centenaires et engueulades parisiennes de 2116.

Le déchiffrement de l'énigme humaine, c'est une chaîne

millénaire et sans fin de questions sans réponse définitive, et il y a tant de maillons pris d'un sommeil de plomb... Notre monde intellectuel a moins le soin de sa survie que ses prédécesseurs, tant chaque instantané peut désormais combler nos souhaits, et nous faire juger oiseux, académique ou vaniteux le souci de « postérité ». Un médiologue ne peut pas ne pas l'avoir, ce souci. Si le *transmettre* est son affaire, il ne fait que son métier en cherchant dans son environnement artistique ou intellectuel ce qui serait ou non susceptible de se transporter d'une génération à une autre, en l'occurrence de la nôtre aux suivantes.

On peut toujours là-devant hausser les épaules. Après nous le déluge. Et puis, comment anticiper les errances du futur ? Ce dont l'avenir fera mémoire ne saurait se programmer. La notoriété a ses recettes, la postérité a ses chances. Il n'y a pas de plan média pour sortir de sa tombe et l'habit vert lui-même n'a rien d'un ticket d'entrée dans le dictionnaire des noms propres : le bicorne ne garantit rien, il augmente plutôt les aléas. Pour qu'un lanceur d'idées devienne la coqueluche du mois, ou de l'année, il faut et il suffit qu'il aille deux fois ou trois à la télé, si possible en *prime time*. Quiconque va ferrailler chez Laurent Ruquier un samedi soir sait d'avance qu'il vendra dans la semaine qui suit entre quinze et trente mille exemplaires de son dernier chef-d'œuvre. Soit. Et après, qu'est-ce qui se passe ?

« À vouloir vivre avec son temps, on meurt avec son époque », nous a prévenus Stendhal, lui-même né un demi-siècle après la mort d'Henri Beyle. Cela dit, s'il suffisait de faire l'ermite ou le bougon pour franchir la porte des salles de classe et devenir, de ce fait, un classique, cela se saurait depuis le temps. À quoi bon, d'ailleurs, peaufiner son ouvrage ou astiquer sa statue si quiconque s'imagine faire une œuvre ne sait jamais l'œuvre qu'il aura faite, en définitive. Quand on remet sa copie, on n'en connaît même pas le dernier mot, qui ne nous appartient pas. Ce qui survit d'un écrivain est très rarement l'*opus* volumineux auquel il attachait le plus d'importance, mais un *factum* pondu comme en passant.

Pour attester de son passage sur terre, Benjamin Constant comptait sur son *Histoire des religions* en trois volumes, non sur *Adolphe*, une passade. Et Chateaubriand sur *Les Natchez*, introuvable en librairie, non sur la *Vie de Rancé*. Toute survie est un pied de nez, et il n'y a pas de martingale en la matière, sans quoi il faudrait dire adieu à la glorieuse incertitude du 400 mètres haies. Homère n'aurait plus à se crever les yeux ni Tartempion à franchir les barrières d'une campagne académique. Plus de suspense, tout cela deviendrait très ennuyeux.

Il serait faux, cela dit, de s'en remettre à la loterie. Il y a des interprétations du monde plus transmissibles que d'autres. Non parce qu'elles seraient plus vraies ou mieux fondées (nous verrons que c'est plutôt le contraire), mais parce qu'elles respectent, consciemment ou non, certains canons, certains canaux d'exposition plus conducteurs que d'autres. On pourrait presque, me semble-t-il, graduer les espérances de vie des diverses productions de l'esprit d'après leur conformité à un petit nombre de normes largement validées par l'expérience.

D'abord, faire attendre. Donner à son propos l'allure du récit. Raconter une histoire. Dramatiser. Ensuite, que cette histoire mette aux prises, avec force péripéties, deux principes antagonistes, un noir et un blanc, un bon et un méchant, dont la lutte et ses retournements fassent pour ainsi dire durer le plaisir. Enfin, que le dénouement en soit favorable, qu'il y ait relâchement des tensions et récompense finale : l'amour finalement plus fort que la guerre, la vie que la mort, le vrai triomphant du faux. C'est le modèle *Harlequin* : une rencontre (le coup de foudre), des obstacles (elle est mariée, il doit partir à la guerre, la famille s'oppose, un cancer se déclare), un *happy end* (elle divorce, il revient, la famille se laisse convaincre, le malade est guéri).

Schéma universel. C'est celui de la Bible : révélation (Abraham), épreuves (exil, désert, reniements, batailles), récompense (la Terre promise). C'est celui des Évangiles, l'histoire du Fils de Dieu. Nativité, Passion, Résurrection. Apparition, disparition, réapparition. C'est celui de tout « grand récit » calorifique et rédempteur, communisme, nationalisme, racisme. Il faut un but, qui ne soit pas à portée de la main, et ne s'atteigne qu'au travers de longues souffrances. Ce fut le génie et la supériorité du christianisme que de donner à son annonce la forme d'un drame à épisodes, d'une partie en suspens, d'une dynamique où chacun a ses chances et où les derniers peuvent devenir les premiers.

Pour avoir préféré la légende au reportage (Épicure) ou l'éthique à l'histoire (Épictète), les systèmes rivaux, trop abstraits, trop logiques, n'étaient pas compétitifs, pas assez haletants. On ne lance pas un mouvement de masse, une vague d'espérance mondiale, un souffle mobilisateur avec la devise de Lucrèce : *eadem sunt omnia semper* (les choses sont toujours les mêmes). Une philosophie qui se contente d'analyser l'état du monde marquera éventuellement l'histoire de la philosophie, pas les sensibilités et les imaginaires, ni l'histoire des peuples.

Pour faire penser en largeur, il convient d'émouvoir en profondeur, et pour faire palpiter, il faut faire espérer. Quoi ? Que demain sera un autre jour. Que l'on peut s'en sortir, de notre vallée de larmes. Qu'il existe un *passage* (si possible caché ou secret), une transition vers un ailleurs, un col à franchir. Que l'on proclame soit une *entrée* (dans une nouvelle ère avec saint Paul, Karl Marx ou Friedrich Nietzsche), soit une *sortie* (de l'ignorance, de l'aliénation, de l'exploitation, de la religion, etc.), imprescriptible est l'annonce d'un changement d'état. Vers un mieux ou un meilleur, cela va de soi, dût-il être précédé d'un pire plus ou moins long (Gog et Magog, le dernier homme, la répression). Il y a toujours un mauvais moment à passer, mais *Sursum corda* et *Ça ira.*

✧

Que l'on ne croie pas que l'accueil fait aux écrivains d'idées puisse être indemne des attentes que nous avons envers nos sagas imaginaires. Le gai désespoir à la Emil Cioran, le tragique à la Clément Rosset sont des articles de luxe à tirage limité. On ne capte pas l'attention du public (autrement dit, on ne pèse pas sur le cours des idées et du monde) sans lui donner une tâche à faire, des méchants à combattre, et la voie à suivre pour devenir un jour meilleur qu'il n'est. J'en veux pour preuve — excusez-moi de descendre du général au particulier en prenant un exemple dans l'actualité immédiate — les carrières posthumes de deux grands philosophes contemporains qu'il m'a été donné, pour l'un de croiser, pour l'autre de fréquenter : René Girard et François Dagognet.

Il arrive que les articles nécrologiques tournent à la leçon de choses, et incitent derechef à se demander pourquoi trois colonnes pour l'un et un entrefilet pour l'autre. Pourquoi, dans notre petit obituaire parisien, certains décès émeuvent et montent en « une » et d'autres passent doucement inaperçus en page 27 ? Pourquoi un nom propre « brille », « prend » et « marche », tandis qu'un autre reste mat ?

Le médiologue est un capteur d'échos, un échographe professionnel. Il laisse traîner son sonar dans les amphis et les rédactions, le long des trottoirs et des comptoirs, moins soucieux des émissions que des retransmissions, moins attentif à ce qui s'est hier écrit, proféré ou gravé qu'à ce qui, aujourd'hui, retentit, répercute, réverbère. Le *re* est son royaume, vaste contrée qui va de la résurrection du Christ à la « reproductibilité technique », du réemploi des matériaux en architecture à la mise en rumeur d'une nouvelle improbable, aboutissant à force de répétition à transformer un paradoxe invraisemblable, Résurrection pascale ou Coran incréé, en un dogme impératif.

Le hasard a voulu que deux esprits de première classe nous aient quittés en 2015 à quelques jours de distance : Girard et Dagognet, l'un de la classe *apocalyptique* (aux deux sens du mot, dévoilement d'un grand secret et annonce du dénouement), l'autre de la classe *encyclopédique.* Ce sont là deux vieilles familles dans l'histoire des idées-forces. Le second a aujourd'hui une poignée, le premier une foule, de disciples, qui vont très au-delà de l'Université (Jacques Delors et Claude Bébéar comptent parmi les membres de l'Association Recherches mimétiques créée en 2005 à l'Institut de France). L'apocalyptique a eu droit à des hommages officiels et publics, l'encyclopédique à l'hommage d'une quarantaine de collègues réunis en tapinois dans une salle en Sorbonne (auquel nul quotidien ou radio n'a fait écho).

Pourquoi ici une échoppe, là un grand magasin ? Entendons-nous. Il est normal que la grande presse célèbre, ne citons pas de nom, un exégète de l'actualité ou un « nouveau philosophe ». Elle ne fait alors que rendre la pareille à l'un des siens, une mouche du coche politico-médiatique qui l'a escortée de crise en crise, sans créer de concepts au long cours ni d'école de pensée, sans œuvre ni sillage. Tout parallèle, ici, serait désobligeant.

Avec Girard et Dagognet, nous avons deux morts à armes égales, deux œuvres pareillement denses et novatrices, situées aux pôles opposés de l'arc philosophique, façon Corneille-et-Racine. L'antithèse entre le prophète et le prof, le spiritualiste et le matérialiste, le prédicateur et l'enquêteur, l'étude herméneutique de pointe et celle des techniques de pointe, le plongeur de fond et le déplisseur des surfaces, l'inspecteur des textes et le chirurgien des choses, souhaitons qu'elles puissent avoir un effet de loupe sur les conditions d'accès aux anthologies.

Dagognet étant beaucoup moins connu que Girard, permettez-moi de le resituer dans le paysage. Deux mouvances ou deux camps se partagent depuis un siècle notre ghetto universitaire (dont l'enfermé ne sort que par une militance politique affichée, à gauche et très tardive, Pierre Bourdieu, à droite et très précoce, Raymond Aron) : d'un côté, les tenants du ressenti, de la conscience et du sujet, de l'autre les tenants du concept et du logico-mathématique, disons les phénoménologues et les épistémologues, ligne de partage des eaux qu'est venu compliquer un challenger après guerre, tentant de les coiffer au poteau, l'ontologie à la Martin Heidegger, la méditation de l'Être et l'imprécation antitechnique.

Or voilà, patatras, qu'un médecin devenu philosophe prend tout ce grand monde à revers, avec une méditation, un examen très informé non du sujet, mais de l'objet, non du concept, mais des outillages, non des genèses, mais des morphogenèses. Il fallait du culot pour échapper au « tournant linguistique » comme à la prédication éthique, mettre la main dans le cambouis, placer l'objet au cœur de la relation humaine et aborder l'intériorité par le poêle Téflon, le Tergal et le polyester ; pour montrer que la matière court plus vite que l'esprit ; pour frapper d'un signe plus et non moins le contreplaqué et l'aggloméré, tout en rendant leur dû au chêne et au peuplier.

C'était pour le moins une percée, et Georges Canguilhem, l'autre héritier de Gaston Bachelard, a vanté en « Dago » un « demi-hérétique que son originalité ne saurait condamner à la marginalité ». Certes, on se déconsidère toujours en traitant d'objets déconsidérés. La philosophie a ses ustensiles, dûment accrédités, l'horloge, le miroir ou le verre poli. Mais pas le bouton, l'anneau, l'agrafe. Ni les verres et les gobelets, les chaises et les tables, les colles et les consoles, les boîtes et les paniers. Cela peut faire rêver un poète, comme Francis Ponge, pas un penseur. Jouer la surface contre la profondeur, c'était s'exclure du champ. Valéry disparu, les alliés étaient lointains et d'un autre bord : Dubuffet, Vasarely, Tàpies, Viallat, Ubac ou Fautrier. Les artistes ne font pas autorité dans les amphis. Et cette révolution copernicienne à l'envers n'a pas défrayé la chronique.

Pourquoi ?

On ne gagne guère en prestige quand on médite le catalogue de la Manufacture de Saint-Étienne, qui ne s'oppose à rien ni à personne. Saint Paul s'oppose au « fils de la perdition » et les Épîtres de Jean à l'Antéchrist. Belzébuth a beaucoup fait pour le Messie. Faire sien, en bon manichéen, le discours d'un grand combat céleste, c'est mettre ses pas dans ceux d'une vulgate à toute épreuve. Ce combat se poursuit de nos jours sous des formes plus terrestres parce qu'il est captivant.

Dagognet l'a déserté. Il récuse tout dualisme, notamment l'affrontement de l'esprit et de la matière, le fond et la forme, l'invisible et le visible, l'âme et le corps, la profondeur et la surface, etc. Au contraire, il réconcilie Dieu et le diable, le Bien et le Mal, en montrant comment ces ennemis sont des alliés qui s'ignorent. Inutile ici de battre tambour, pas de lutte finale en perspective. Pas de noir et blanc, toutes les nuances de gris. Aucun suspense, décourageant au possible. On ne combat un grand récit qu'en en produisant un autre. Pas de récit, pas d'écoute.

L'enceinte acoustique de qui a découvert l'alpha et l'oméga de la condition humaine ne saurait être que la planète Terre elle-même. Le travail d'un chercheur, lui, résonnera seulement dans l'enceinte du monde savant, public spécialisé. Pas de coryphées autres que professionnels. On est aimé par ceux qu'on aime. Marx le fut par les prolétaires ou du moins leurs représentants ; Charles Darwin par les amis des animaux et de la nature ; Freud par les névrosés et leurs soignants. Girard vérifie la vérité chrétienne, et les chrétiens ont bien raison de relayer ses affirmations. Qui fait de l'Évangile le texte le plus subversif de l'histoire de l'humanité, scientifique sans le savoir, offre à l'aire judéo-chrétienne, au fidèle ordinaire, incertain de sa foi, un cumul des mandats assez remarquable : à la fois orthodoxe et anticonformiste, *old school* et scandaleux, prudent et téméraire. *Science et vie*, plus *Le Figaro*, plus *Libé*, ce triplé emporte la mise.

Un bon renseignement n'aura jamais l'écho d'une bonne nouvelle ni un simple *énoncé* celui d'un *message* « fort », surtout s'il nous dévoile un grand secret caché depuis la fondation du monde, étant entendu que le dernier mot est toujours dans le premier, la fin dans l'origine, et le terminus dans l'incipit. C'est à quoi sert le mythe des origines. Il faut distinguer entre l'énoncé scientifique et le message thérapeutique. Le premier vise à une meilleure prise intellectuelle sur l'existant, le second à soulager notre noir mal-être. Nous sommes tous des désemparés de naissance, incurablement las de notre condition présente. C'est pourquoi nous répugnons aux gâteaux secs.

Dagognet n'a pas beurré les siens. Son offre ne répondait pas à notre soif de douceurs, d'en finir avec la violence, la guerre de tous contre tous, l'infernale et morne production de boucs émissaires. De quelle manière ? En embrassant le Prince de la Paix et en sachant lire enfin comme il faut notre Testament de famille, qui coupe l'histoire de l'humanité en deux, avant et après la Crucifixion. « Vous qui avez soif, venez vers l'eau » (Isaïe, 55, 1). Ce genre d'appel ne peut tomber dans l'oreille d'un sourd, d'autant qu'en révolutionnant la science, le déchiffreur en possession du code révolutionnera le monde. Se convertir au Christ ou périr, et cela au nom d'un nouveau savoir à valeur de salut, c'est une bouée lancée *in extremis* aux naufragés que nous sommes, mais qui ne fera sans doute pas accourir les mondes chinois, indien ou arabo-musulman.

Chaque culture se juge belle en son miroir, et plus belle que les autres, invariablement. Ce n'est pas le bon sens, la chose du monde la mieux partagée, c'est l'ethnocentrisme. Il ne laisse, sur cette planète, aucune communauté au bord de la route. « L'islam est la solution » trouve au Caire et à Istanbul une excellente écoute ; on lui préférera à Pékin Confucius, à Delhi Shiva, Bouddha à Colombo et Calvin à Genève. Que Jésus soit la solution est une hypothèse que le vieux monde des clochers, des croix et des calvaires peut aisément partager, à condition, modernité oblige, qu'il soit labellisé scientifique.

Montrer que nos livres saints étaient des livres de science jusqu'à faire du Nouveau Testament la clé des sciences humaines met fin à l'embarrassant dilemme entre foi et savoir, qui, depuis Galilée, perturbe les esprits. Et choisir entre toutes les religions de l'Occident le catholicisme non seulement comme la vraie religion du vrai Dieu, mais comme le premier et ultime abri de la vérité des hommes, la seule susceptible de bloquer la montée aux extrêmes suscitée par la convergence des désirs sur un même objet, c'est plus que tenter une OPA de la théologie dogmatique sur l'anthropologie vulgaire, c'est mieux qu'une énième reprise de la « misère de l'homme sans Dieu » : c'est redonner une fraîcheur d'eau vive au courant millénaire du gnosticisme. Je ne crois pas, je sais, et mon savoir à moi est votre salut à vous. Que le guidage moral des populations mondiales (le catholique vise l'universel) offre plus de débouchés qu'une analyse comparée des verres cristallins, opalins, sulfurés et mixtes, ce n'est pas une nouvelle, me direz-vous. Mais dans ce cas particulier, compte tenu des handicaps de mon vieux maître Dagognet, on peut enrichir le propos par quelques observations pratiques.

La géolocalisation, en premier lieu. Mieux vaut, pour la propagation électromagnétique, vivre et décéder à

Chicago ou à Stanford, Californie, qu'à Lyon et Avallon, dans l'Yonne. « Dago », qui ne parlait pas l'anglais et n'est pas traduit dans la *koinè* de l'époque (hormis un article ou deux sur l'art contemporain), ne s'est jamais rendu aux États-Unis, le *hub* central, le château d'eau alimentant les bassins d'audience en contrebas, sur les cinq continents. Il avait une phobie physique de l'avion : fâcheux pour l'export. La réception américaine d'un indigène exogène exige qu'on aille sur place récolter le blanc-seing impérial, sans quoi l'on reste un produit de terroir.

C'est une facétie bien connue : on fait régulièrement la théorie de ce qu'on est hors d'état de pratiquer. Aussi fallait-il un sédentaire résolu pour exalter le transport et la circulation. Curieux de tout, cosmopolite, industrialiste et technophile, mais personnellement territorial, unilingue et casanier. À quoi s'ajoute, plus rédhibitoire encore, à l'âge libertaire où le marginal est au centre et l'hérétique l'orthodoxe, la fatale occupation des sommets de l'institution universitaire (jury d'agrégation, commission scientifique, instance de promotion, etc.). Un esprit non académique dans la plus académique des positions sociales, un guérillero au quartier général, un corsaire grand amiral, il y avait là de quoi brouiller l'image.

Au-delà de ce porte-à-faux publicitaire, un médiologue un peu cynique se voit forcé de reprocher à ce genre d'émetteur d'idées trois manquements aux règles d'une bonne transmission, peu propices à son inscription dans les annales idéologiques.

Premier manquement : un défaut de profilage, nécessaire aux besoins du transport. Il n'y a pas la carrosserie d'un côté et le moteur de l'autre. Tout en exaltant dans ses écrits le pouvoir amplificateur de l'abrégé et multiplicateur du blason, en sachant fort bien, comme dit le Chinois, que « le peu obtient et le nombreux égare », notre abondant ami n'a pas étiqueté ses bagages. Or, qui veut voyager loin allège sa monture. Un nom propre, un badge. Jean-François Lyotard, le postmoderne. Jacques Derrida, la déconstruction. Michel Foucault, l'enfermement. Edgar Morin, la complexité. Claude Lévi-Strauss, la structure. Jean Baudrillard, le simulacre. Gilles Deleuze et Félix Guattari, le désir. Jürgen Habermas, la communication. Pas plus de vingt signes.

Je pense, donc je suis. Le retour éternel. Le meilleur des mondes. Écrasez l'infâme. *Le désir mimétique.* Simplifier le complexe, c'est forger une marque via la technique du compactage. Le raccourci est un art difficile pour qui aime à buissonner et foisonner. Mais sans réduction, pas d'irradiation. Jivariser les têtes permet des combats de titans entre têtes d'affiche, Camus-l'absurde contre Sartre-l'engagement. La griffe, le sigle, le label (genre *the medium is the message*) sont l'équivalent de l'emblème, qui, dans l'ordre politique, permet le passage du parti au mouvement : croix de Lorraine ou croix gammée, faucille et marteau ou flèches.

Il faut apprendre du génie publicitaire des grandes religions : elles ont su faire passer leur théologie compliquée par le trou d'aiguille d'une cellule de simplification, avec un visuel à la clé — le poisson, la croix, le pied, le croissant. Et des nations fort cultivées ont su se contracter dans des symboles d'animaux assez bêtes, le coq, le lion, l'ours ou l'aigle. Les doctrines appelées à briller comme un phare dans notre supermarché où les étiquettes tournent à toute vitesse doivent s'attacher un sémaphore au derrière, car l'histoire publique des idées, elle aussi, avance par le mauvais côté, à savoir le grelot. Le simplisme est une augmentation, non une *diminutio capitis,* car « les choses capitales qui ont été dites à l'humanité ont toujours été des choses simples », voir les Évangiles et *Le Petit Prince* (oublions le *Petit Livre rouge*).

De même convient-il, pour viabiliser le message, de taper sans cesse sur le même clou. Le martèlement prophétique exige de se renouveler le moins possible : on ne se répète jamais assez. Tout a été dit, mais comme personne n'écoute, il faut toujours reformuler. Charles Baudelaire parlait d'or, qui avait noté : « Créer un poncif, c'est le génie. Je dois créer un poncif. » Voltaire en a créé un, avec son « Écrasez l'Infâme » et dix autres refrains. Diderot a raté le coche, ni logo ni blason.

Dagognet et lui, ces deux fils de la cité-forteresse de Langres, ondoyants et profus jusqu'à l'insaisissable, sautent d'un sujet à l'autre en négligeant le pense-bête. Il faut une anse à un panier, un abstract à un article, et un ramasse-tout à une philosophie. Il faut nous mâcher le travail. Nos cerveaux ne sont pas faits pour emmagasiner plusieurs idées à la fois, surtout si elles semblent contradictoires. Vous et moi, on est vite débordés. Le passe-partout, heureusement, satisfait à la loi du moindre effort qui préside au progrès des techniques comme des réputations : avec la *violence mimétique* en main, pas de serrure qui résiste.

Deuxième manquement aux règles de la compétition : un défaut de montée aux extrêmes, un manque de stridence ou d'excès, qui en tout est un défaut, sauf dans le labeur de transmission. L'outrance frappe. C'est en outrepassant la prudence scientifique et même la simple observation des faits qu'une thèse, pour loufoque qu'elle soit, peut faire son trou dans les esprits. Même si l'hétéronomie du désir et l'aliénant de l'imitation mutuelle ont été cent fois pointés par Blaise Pascal, Alexis de Tocqueville, Friedrich Nietzsche et surtout Gabriel Tarde, qui en fit, contre Émile Durkheim, son cheval de bataille, leur redécouverte contemporaine dans le concret des intrigues littéraires donnait du corps et une saveur rafraîchissante à cette constante psychologique.

C'est quand cette très pertinente analyse du rapport amoureux médié par un tiers, moyennant, tout compte fait, une judicieuse comparaison entre mensonge romantique et vérité romanesque, a été élevée au statut d'ouvre-boîtes universel, de solution de l'énigme enfin trouvée ; c'est quand la mise à mort du bouc émissaire chargée d'expulser la violence collective a été mise en facteur commun « de toutes les institutions politiques et culturelles depuis l'aube de l'humanité jusqu'à nos jours » ; quand une hypothèse, que n'étaye presque aucun exemple tiré de l'histoire réelle et que dément toute approche objective de la notion infiniment prolifique et contrastée de « sacrifice », est devenue « le fondement de toute société, de toute *polis,* depuis le commencement de l'humanité » — qu'un critique littéraire original put être campé en Darwin des sciences humaines, par ses exégètes, disciples et fidèles.

Sur le marché très saturé et compétitif des « grilles de lecture » et des « clés d'explication », d'autant plus plausibles qu'indécidables, un trousseau à clés multiples, dont chacune peut ouvrir une porte, mais pas l'autre, aura du mal à passer de main en main. Sectoriel et toujours remaniable est le savoir, donc précaire et déceptif. Globale est la Promesse, et surtout définitive, non sujette à rectificatif ou révision, donc beaucoup plus rassurante. Assurez. Soyez apodictique et paroxystique, totalisant et fulminant, donnez le bras à Jérémie et la réplique à Satan. « Tout ce qui est simple est faux, tout ce qui ne l'est pas est inutilisable », constatait Valéry (le prosateur a cher payé son incroyable rose des vents, rachetée il est vrai par la netteté définitive et sculpturale du *Cimetière marin*). En somme, moins c'est validable, plus c'est serviable, et l'on ne peut récuser Nietzsche sur ce point : « Les jugements les plus faux sont pour nous les plus indispensables. »

Traduction marketing : ce qu'il y a de moins vendable dans la foire sur la place, c'est la vérité, même approchée, car une vérité est en général une mauvaise nouvelle. Les fausses bonnes (délivrance, rédemption, salut) ont un boulevard devant elles. À bon entendeur…

Troisième manquement : un défaut d'adressage, en direction d'une catégorie sociale déterminée, une lignée, une cible actuelle ou potentielle, susceptible d'en tirer profit. Questions à se poser avant de lancer sa bouteille à la mer : à qui vais-je faire plaisir en disant ce que je dis ? qui aura demain intérêt à le redire ? qui vais-je pouvoir *augmenter* par mes propos et propositions, pourvu qu'on saisisse la perche que je tends ? quel bon élève pourra se grandir demain en citant mon nom dans sa copie (à Sciences Po, c'était Valéry en 1950, Aron en 1970, René Char en 2000) ?

Ce ne sont pas là, certes, des soucis pour un travailleur de la preuve travaillant *gratis pro deo*, mais qui n'en tient nul compte met une sourdine à sa trompette. L'homme est l'être des lendemains. On lui rend service quand on peint une fenêtre sur son mur. C'est une forme de générosité. Comme il y a des aides à la personne, il y a des aides au tonus général. Le mirage en fait partie.

N'est-il pas sain en dernière analyse qu'une civilisation retienne et transmette de préférence, aux générations futures, ce qui apaise ses doutes et conforte ses fondamentaux, ce qui lui permet de persister dans son être ? « Une civilisation, écrit Braudel, répugne généralement à adopter un bien culturel qui mette en question une de ses structures profondes. Ces refus d'emprunter, ces hostilités secrètes conduisent toujours au cœur d'une civilisation. » Inutile de jouer à l'esprit fort. Le cœur du collectif a ses raisons que la raison individuelle ne connaît pas. Et j'ai sans doute eu tort de mettre en balance, tête-bêche, deux grandes figures qui n'ont eu ni même fonction ni même vocation. Il n'y a pas de guerre des ondes entre un Dagognet et un Girard parce qu'ils n'émettent pas sur les mêmes longueurs, ni pour une même écoute, ni pour une même audience.

L'astrophysique ne périme pas l'astrologie, ni la médecine appareillée l'homéopathie. Les deux peuvent fort bien se côtoyer et il n'est pas exclu qu'un univers désenchanté par la science ait encore plus besoin d'enchanteurs que d'informateurs, pour l'aider à tenir le coup. L'un n'empêche pas l'autre, mais les délais ne sont pas les mêmes. Souvent prématuré, l'acte de connaissance peut assurément compter sur une reconnaissance en différé ; la parole d'encouragement, elle, a l'avantage de payer cash, si j'ose dire, car elle répond à une demande perpétuellement déçue, et donc chaque jour en quête de réassurance. Mais comme la pierre philosophale est des plus volatiles, et nos planches de salut successives sujettes à des naufrages à répétition, ce n'est peut-être pas le meilleur moyen de franchir la barre du temps. Répondre à la demande, c'est peut-être, au fond, une fausse bonne idée pour une survie à moyen terme, même si elle apparaît aujourd'hui plus rentable que jamais.

4

L'histoire de l'art et ses artifices

Si l'œuvre d'art a pour singularité de pouvoir échapper à son temps, et si aujourd'hui la société produit de l'art à foison et à temps plein, on doit se demander de quoi au juste fait-on l'histoire quand on fait de l'histoire de l'art. Mais aussi, ce qu'il en coûte de ne pas en faire du tout.

Nous célébrons à l'envi l'histoire de l'art, signons des pétitions pour élargir son étude à l'école, vantons ses instituts et ses brevets de qualification, admirons ses arbitres et ses maîtres de légende, Ernst Gombrich, André Chastel, Rosalind Krauss, Jean Clair et d'autres. Et l'on fait bien, car c'est une discipline sérieuse et passionnante. Mais peut-on réunir ces deux mots, art et histoire, sans se poser quelques questions ? Rien n'est moins sûr.

Et d'abord, de quoi peut-il y avoir histoire ? De son présent, inévitablement, pas moyen d'y échapper. J'opère un tri dans les trésors du passé avec les lunettes, avec la myopie, de mon époque. Ce n'est pas propre à cette branche un peu latérale et tous les historiens peuvent, là-dessus, se renvoyer la balle. Une histoire de la philosophie grecque rédigée en 1900 nous en dit plus sur la Sorbonne de la Belle Époque que sur les présocratiques, qui intéressaient alors assez peu. Giotto et Van Eyck n'intéressaient pas non plus Baudelaire critique d'art, car les primitifs italiens et flamands n'étaient pas encore inscrits au tableau d'honneur.

Pour l'auteur des *Fleurs du mal*, ni le chapiteau roman ni l'icône byzantine ne valaient un regard. Soit. Mais pour l'auteur du *Musée imaginaire*, qui s'en étonne, Cartier-Bresson n'existe pas non plus, ni Brunelleschi, la coupole de Florence, ni Mies Van der Rohe, le directeur du Bauhaus d'avant-guerre. Aux yeux de Malraux, qui s'en tient, selon la tradition occidentale, aux arts visuels, avec la peinture au premier rang et la sculpture au deuxième, la photographie vaut simplement pour ce qu'elle permet, la reproduction des œuvres plastiques. La photo a beau avoir engendré l'art roman, les chapiteaux et les tympans des églises, l'Ève nue et allongée d'Autun, ce n'est pas un art. D'où le paradoxe qu'est l'absence du daguerréotype, de Brassaï et de Weston dans une réflexion sur l'art entièrement fondée sur la photo, au point d'« exclure également l'architecture au motif, dit Malraux, qu'il n'y a pas de bonne photo d'architecture » — ce qui n'est plus exact aujourd'hui.

Nul ne peut sauter par-dessus son temps, y compris les préhistoriens. Ce tourniquet est sans fin. Plus contestable est le fait d'enfourner dans un même sac, sous le nom, par exemple, de sculpture, un *kolossos* grec, une Vierge noire, un Rodin, une machine de Tinguely et un mouton en cuve signé Hirst, toutes choses qui n'ont rien d'autre en commun que d'être des volumes dans l'espace, quand en réalité ils n'appartiennent pas à la même constellation. L'art, qu'on peut définir comme le beau fait exprès, arrive dans l'univers des formes, après que la foi s'en est allée. Une statue de Shiva ne représente pas une œuvre d'art pour un hindouiste pratiquant, pas plus que l'ange de Reims pour le paysan médiéval. Et comme une foi est vive tant que la communauté qui la porte reste vivante, il faut que naisse l'individu pour que le mot art fasse sens — pour aller vite, chez nous, la Renaissance.

Au nom de quoi aligner un ustensile thérapeutique, un signe sacramentel, un objet de délectation, une machine pour rire et un actif financier — sinon en vertu d'une certaine léthargie intellectuelle ? Sans aller jusqu'à penser, comme Valéry, que dans un musée d'art, chaque pièce exhibée « réclame en vain la mort des autres », chacune mériterait un lieu à part pour vivre sa propre vie et non un seul et même entrepôt appelé musée. De quoi fait-on l'histoire quand on fait de l'histoire de l'art ? Réponse : de ce que notre époque loge sous ce terme d'art, puisque c'est le regardeur qui fait le tableau, et que le regard a une histoire (comme celle que j'ai tentée avec *Vie et mort de l'image*). Pour mieux deviner ce que pouvait bien percevoir un laboureur auvergnat du XIIe siècle dans une Vierge assise, ou encore pour comprendre pourquoi un empereur chinois put demander un jour qu'on efface une cascade peinte à fresque sur le mur de sa chambre parce qu'elle l'empêchait de dormir…

Peut-on vraiment mettre sous une même enseigne, pour les arts visuels, la peinture, la gravure, la BD, le jeu vidéo, le tag, le graff, etc. ? Placer une collection de tire-bouchons sous le même nom que celui de tableaux et sculptures ? Il y a des musées du doudou et du bouton et l'exposition d'art étant devenue elle-même une œuvre d'art, un musée des musées ne serait pas mal venu.

Il faudra en tout cas prévoir des espaces de dégagement, tant le système des beaux-arts recule sans cesse ses murs, et à juste titre. Il n'y a plus de cloison entre la série télévisée et le cinéma d'auteur, la première ayant rejoint le second, qu'avait déjà rejoint le film publicitaire, qui peut être un banc d'essai pour les auteurs, de même façon que le polar et la science-fiction, Simenon et Tolkien ont rejoint la grande littérature, et les spectacles de danse les sommets de l'art dramatique. Les beaux-arts se revitalisent par leurs marges au fur et à mesure que le centre voit vieillir ses codes et sa clientèle. La stratégie de survie du « grand art » dont les sanctuaires se vident est celle de toutes les Académies : elle consiste à adouber le petit rouspéteur surgissant sur sa gauche, avec un : « Tu me refiles ton public, et je te flanque la Légion d'honneur. Tu m'ouvres ta clientèle, je t'ouvre mes sanctuaires. » Gagnant-gagnant.

L'histoire de l'art, au-delà de ces bisbilles et péripéties, a quelque chose de plus profondément paradoxal par ceci qu'elle mêle deux registres qui ne sont pas du même ordre : l'histoire et l'art. « Pour moi, disait Picasso, il n'y a ni passé ni futur dans l'art. » Pourquoi s'acharner à retracer la succession des styles, des écoles, des codes de représentation, qui, de rupture en rupture, nous mène de la grotte Chauvet jusqu'au palais de Tokyo, si l'art, c'est cela qu'aucune chronologie ne peut attraper dans ses filets, sans quoi les œuvres que nous convenons d'admirer ne seraient pas au musée d'Orsay ou à l'Orangerie, mais à celui des Arts et Métiers ou au MuCEM de Marseille.

Nous transformons en sculpture un crucifix roman qui fut à sa naissance un acte de foi dans le Christ sauveur ; il n'appelle plus un signe de croix, mais un jugement de goût. L'art occidental ne cesse de faire du neuf, c'est même son obligation et ultime qualité, qui pourrait paradoxalement le conduire à tourner en rond, mais notre monde déchristianisé n'a pas jeté l'art chrétien aux oubliettes. Il regarde d'un autre œil la *Pietà d'Avignon*, 1455, mais le fait est qu'il la regarde encore, et la regardera demain, d'un autre œil.

Le moulin à vent, produit de son temps, disparaît avec lui ; la vue d'un *Moulin* hollandais par Jongkind ou Van Gogh, également fille de son temps, fait toujours partie du nôtre. Elle « nous atteint, dit Malraux, dans un *double temps* qui n'appartient qu'à elle : celui de son auteur et le nôtre ». La télé couleurs périme la télé noir et blanc, comme le tracteur, la charrue, mais Marcel Duchamp ne périme pas Cézanne qui ne périme pas Cimabue. Une cotte de mailles est démodée, mais non le sourire de *L'Ange* de Reims, qui a le même âge, mais qui, si j'ose dire, n'a rien perdu de son intemporalité. Et s'il y a des œuvres d'art novatrices, il n'y en a jamais de définitivement vieillottes. Les pompiers eux-mêmes ont rajeuni dernièrement et, Salvador Dalí aidant, s'exposent au MoMA de New York.

L'historien arpente là un champ de fouilles où la datation n'a pas le dernier mot et dont chaque vestige peut nous donner le vertige. Dans la grotte Chauvet, par exemple, ce coffre-fort géologique où l'or du temps, par un pur hasard, a pu s'entreposer, il suffit d'un pinceau de lumière électrique pour nous faire basculer dans la préhistoire. En une seconde, trente-neuf mille années s'abolissent sous notre regard. Et l'*aura* — « l'unique apparition d'un lointain » — nous saisit à la gorge, se fait proximité.

Cette main négative, à l'auriculaire curieusement tordu, je pourrais la saisir comme celle d'un alter ego retrouvé, mon cousin de Cro-Magnon…

D'où l'inanité du schéma progressiste dans l'univers des formes, où un crayonné sur le vif peut nous paraître plus « moderne » qu'un léché académique. Qu'ils soient poètes, peintres ou musiciens, les artistes sont dispensés de millésime, en quoi ils nous rendent plus heureux que « les lettres d'amour fanées » que nous lèguent nos chroniqueurs, frappés au front de l'étoile grise du périssable, épinglés sur l'agenda comme un papillon sous verre. Il y a une histoire de l'œil, oui, mais l'échelle des valeurs esthétiques n'est pas indexée sur l'ordre d'apparition des œuvres.

Tout objet technique sera tôt ou tard frappé d'anachronisme, mais l'œuvre d'art n'appartient à l'histoire que par ses procédés de fabrication. C'est une aventure en constant renouvellement, parce qu'elle n'est jamais définitive, et qu'on ne peut programmer ses métamorphoses. L'œuvre d'art a son histoire après, pas moins qu'avant. Le postulat d'Euclide non plus n'a pas vieilli, depuis son apparition au IIIe siècle av. J.-C., mais il est resté ce qu'il est et ne changera plus. Mais notre Rembrandt n'est plus le Rembrandt de ses contemporains, ce qui ne l'empêche pas d'être toujours là, parmi nous. « L'histoire proclame que les styles passent, et dédaigne que le style demeure… »

C'est justement pourquoi l'auteur de *Psychologie de l'art* a estimé nécessaire de se débarrasser de l'histoire de l'art pour retrouver la vérité de l'art. Pour rechercher ce qui demeure et pourquoi cela demeure, pour aller au vif du sujet, quitte à se faire renvoyer dans les cordes par les historiens. Les professionnels de la profession, notamment à l'Université, ont vu dans cette tentative d'arracher l'art à la contrainte des datations un *scenic railway* fantaisiste — télescopages, carambolages et dévergondages.

Les *Écrits sur l'art* du romancier de *La Condition humaine* sont la part maudite de son œuvre, et il n'est pas pour rien dans cette non-réception, assassine ou boudeuse. À se demander si ce n'était pas là son destin, je veux dire son caractère, puisque le destin, comme disait je ne sais plus qui, c'est soi-même comme ennemi. De l'essayiste un peu dandy de *La Tentation de l'Occident*, son ami Drieu la Rochelle disait, dans les années 1920 : « Des éclairs et de la fumée. » D'où un va-et-vient chez le lecteur de bonne volonté entre l'éblouissement (par l'éclair) et parfois l'asphyxie (par la fumée). C'est toujours une malchance d'être trop érudit pour les littéraires et trop littéraire pour les érudits, position en soi inconfortable que notre ami a encore aggravée par des accès de kitch cosmolyrique (« la main tremblante dans le crépuscule », « le chant des constellations », etc.). Un tour du monde par page, ça peut donner le tournis. Mais un envoûté des maîtres n'a que faire de l'histoire et de la géographie des formes, aussi peu qu'un amoureux d'un précis d'anatomie ou d'une histoire de la sexualité.

Cet allégement, ce délestage des œuvres soustraites à leurs circonstances, offertes à des rencontres assez inspirées pour n'avoir plus besoin d'être informées, ont permis au ministre de la Culture du général de Gaulle de concevoir une nouvelle religion de l'art, sans le mot. Ce n'est pas la première. Schiller et les romantiques allemands s'y étaient essayés en faisant de l'artiste un prophète ou un mage, mais celle-ci est encore plus ambitieuse, et démocratique. Toute religion, les athées comme les autres, est une réponse à l'angoisse du néant, et l'art, ici, « c'est la présence dans la vie de ce qui devrait appartenir à la mort ».

Le propre d'une foi est de lutter contre un diable, et le diable, dans ce qu'on peut voir comme un néobouddhisme plastique, c'est le chronomètre. On comprend alors mieux le déni de l'histoire chez un auteur pour qui la destination de l'art, s'affranchir du temps, n'est pas vraiment esthétique, et qu'il ait pu voir dans l'art la dernière religion d'un monde sans religion et dans nos musées nos ultimes sanctuaires. Des temples où seraient présentés au public non l'Épine sacrée ou le Suaire ou le Clou, mais tel Goya, tel Rembrandt ou tel Rouault. Et s'il est vrai que les musées se sont chez nous remplis au fur et à mesure que les églises se sont vidées, on peut douter que le public qui allait à la messe aille aujourd'hui au Grand Palais adorer l'Éternel. Il y va sans doute pour tuer le temps, mais dans un sens beaucoup plus prosaïque.

« Pou qui peut poum n'est plus pou », lâcha un jour un surréaliste suicidaire. « L'homme est un néant capable de Dieu », professait avant lui le cardinal Bérulle, le mystique qui a fondé l'ordre de l'Oratoire. Malraux, mystique sans Dieu, charismatique sans la grâce, estimait qu'un néant capable d'opposer au fil inconstant des jours des formes sorties de ses mains et promises à une très longue et imprévisible postérité ne saurait être tout à fait un néant. Difficile de ne pas lui donner raison sur ce point, mais difficile également d'oublier que n'est sorti de cette splendide méditation aucun ordre international et laïque autre que l'Internationale du fric.

Le Musée imaginaire est un temple de papier sans murs et sans adresse où sont venus s'entreposer et dialoguer des trésors de partout. Et il y a surabondance. Un badaud du

XXe siècle a sous les yeux cent fois, mille fois plus de chefs-d'œuvre que n'ont pu en voir un critique ou un historien d'art du XIXe. Reste à savoir dans quelle sorte de temporalité cet espace de papier nous fait pénétrer. On n'y voit pas des originaux, mais des reproductions. Plus encore que les cimaises neutres et toutes blanches de nos espaces d'exposition, la photo met les œuvres hors fonction et hors contexte, les déleste de leurs attributs physiques, les spiritualise en quelque sorte en les dépouillant de leur caractère propre. Elle enlève notamment le *cadre* des tableaux, cette dorure pâtissière qui les reliait au monde profane des palais et des fastes, pour les faire flotter à travers un éther uniforme, spectral et débranché, plus propice à l'envol des songes qu'à des examens délectables et patients.

Cette désincorporation, cette essentialisation permet sans doute toutes les combinatoires, et l'on sait à quel point Malraux, pour qui goûter c'est toujours comparer, a le génie de l'analogie, du court-circuit et du tête-à-queue. Le cinéaste, en lui, avait un sens inné du montage et du collage. D'où les protestations de nombreux conservateurs de musée (pas tous, cependant), attachés à la matérialité et à la singularité du fonds patrimonial dont ils ont la garde, et qui accusent volontiers notre magicien de vouloir faire son cinéma sur le dos des œuvres. En somme, on est conduit à se demander si cet espace de réconciliation finale des œuvres de tous les temps n'est pas un tour de prestidigitation, et cet antidestin un subterfuge technologique né d'un procédé de reproduction, la photographie, propice à l'escamotage des contingences de temps et de lieu.

Soyons juste, cela dit. Tout en récusant la vision réaliste de l'art comme simple copie du réel, Malraux a le souci de périodiser sa fresque. Il construit une chronologie en trois temps — comme il sied à une culture faite au moule de la Sainte Trinité, du rythme ternaire, des ogives trilobées et des dissertes en trois parties. D'où ici aussi trois moments : le sacré oriental, puis le divin grec, et enfin l'art moderne. Le surnaturel des débuts, quand l'art rend sensibles les puissances surnaturelles (le mystère des grandes forces cosmiques), par la mise au jour d'un sacré latent. Puis l'irréel de l'idéalisation occidentale, quand l'art figure un homme et un monde plus beaux que nature (mais dont nous portons l'idée en nous). C'est du divin encore, mais dédivinisé, humanisé. Et l'intemporel enfin, avec le temps de la création libre et sans modèle extérieur, naturel ou transcendant, qui est à elle-même sa propre fin. Jusqu'à la clausule finale, ultime point d'orgue : « L'intemporel n'est pas éternel. » Ce que le Louvre atteste en invitant des plasticiens contemporains à réanimer ses collections permanentes, antiquités babyloniennes incluses, en y injectant jusqu'à des poupées gonflables ou des bariolages à la Disneyland pour « conquérir de nouveaux publics ». Il y aurait donc, après l'intemporel, un dernier chapitre à écrire, pour solde de tous comptes, effaçant les premiers, l'événementiel. Dont Malraux lui-même a rédigé le préambule sur son lit de mort, dans *L'Homme précaire et la Littérature*, où il dissèque, avec trente ans d'avance, notre présent en proie au zapping et à l'étourdissement, télécommande oblige.

Là où l'histoire de l'art n'est plus un paradoxe, mais un paravent, c'est quand, outrepassant ce qu'on peut appeler son arc de compétence, elle aborde aux rivages de l'actualité. Elle ne peut alors subsister qu'à condition de ne pas définir son objet, ce dont elle serait souvent bien empêchée puisque avec l'art conceptuel, entre autres (happening, performance, action, land art, cinétisme, etc.), l'objet proprement dit a disparu. Définir, c'est circonscrire et séparer. Mais comment séparer le créateur à célébrer du créatif à rétribuer ? Où est le bon périmètre ? Qu'est-ce qui n'est pas *arty* dans nos étalages ? De même qu'un entrepreneur est un aventurier, un tour-opérateur un promoteur de naufrages sur une île déserte, un auteur à succès présent sur tous les écrans, un rebelle sulfureux, et qu'un homme politique digne de ce nom commence par s'insurger contre le politiquement correct, de même un pâtissier, un coiffeur, a fortiori un grand couturier sont des artistes à part entière, et malheur à celui qui leur dénie ce titre de noblesse.

Le problème de l'art, disait justement Baudrillard, c'est qu'il y en a trop, au risque qu'il n'y en ait plus. Mieux : les valeurs attachées à la figure de l'artiste — singularité, authenticité, créativité, innovation — sont devenues celles de la société omnimarchande. L'ancien hors-la-loi devenu législateur n'est plus l'antibourgeois du XIXe siècle parce que le bourgeois du XXIe est désormais un artiste. Difficile de distinguer quand souffle dans tous les coins « le nouvel esprit du capitalisme » devenu résolument et lucrativement *design*. La carte d'identité de l'ex-bohème traîne dans tous les supermarchés : la singularité ? Elle est sur les rayons. L'écart à la norme ? La norme elle-même. L'unicité ? Sérialisée. L'autonomie ? La définition du moderne par lui-même.

À l'historien, au sociologue, au critique d'art, la marchandisation de la différence enlève le pain de la bouche. S'il veut encore se donner une tâche tant soit peu distinctive, ou distinguée, le chroniqueur spécialisé n'a pour cible que « la scène de l'art », soit un microcosme caractérisé par des rituels sociaux particuliers (vernissages, expositions, foires, dîners, colloques). Mais s'il veut vraiment prendre le taureau par les cornes, il découpera dans l'océan des biens manufacturés une catégorie de trucs mis en vitrine reconnaissables à des signes qui ne trompent pas : seront appelés œuvres d'art, ou plutôt « moments d'un processus créatif », l'ensemble, à l'instant *t*, des machins 1) qui ne servent à rien, 2) qui coûtent follement cher, 3) qui s'adressent en priorité à un cercle d'initiés pleins aux as (intitulé « le milieu de l'art ») : définition sommaire, mais qui a le mérite d'échapper à l'arbitraire des goûts et des couleurs.

Une histoire spécifique était possible tant que l'art, selon le mot de Klee, était « une faille dans le système ». Quand c'est l'expression festive du système lui-même, en clair du capitalisme financier, l'histoire de l'art relève ou d'une branche de la sociologie ou de la rubrique économie. Une bonne façon d'oublier et de faire oublier cette dilution dans un état flottant et gazeux, c'est de recourir à l'autorité d'un mot fastueux et sans réplique, fixé dans le marbre : « l'Art ». L'article défini, rêveuse entourloupe, laisse pour le moins perplexe. Il existe une histoire des religions et une histoire des sciences. Prendrait-on au sérieux une histoire de la religion ou de la science ? Si l'on avait, ainsi que le suggère Michel Melot, la prudence de parler du *fait artistique*, comme nous du *fait religieux*, on prendrait moins de risques, sans lever toutes les objections.

Sans qu'on puisse, par exemple, échapper à la question que ne se pose pas Gombrich, quand il proclame que l'histoire de l'art n'existe pas, mais seulement l'histoire des artistes : à partir de quand il y a des artistes et non des artisans ? Et à partir de quand l'artiste devient-il un entrepreneur ? XVIe siècle, XXIe siècle ? Et de quoi peut-on encore suivre la trajectoire quand l'art, ou ce qui garde ce nom, renonce au désir de faire illusion pour coller à la réalité, à l'immédiateté, à la vie, quand il est devenu coextensif à toute manifestation, citation, assemblage, attitude ou demande ? Lorsque le monde entier devient un *readymade*, et l'existence, une ironie, où commence, où finit le territoire de l'art ?

Cette histoire joue de malheur, décidément. Quand le mot art avait un sens, celui, classique, d'une finalité sans fin, l'approche chronologique ratait l'essentiel : l'émotion esthétique se passe de millésime. Quand l'approche historique ou sociologique fait sens parce que les formes valent comme témoins de leur temps, indices d'un contexte, emblèmes d'un milieu, le mot art perd tout sens assignable. Un jeu de cache-cache. Quand l'art y est, l'histoire n'y est pas ; et quand elle y est, l'art n'y est plus.

On peut se demander finalement si Malraux, quoique grand voyageur, n'a pas péché par ethnocentrisme, d'abord par la survalorisation du rétinien, étrangère à la plupart des habitants de notre planète. L'art, pour un Africain, c'est d'abord la musique et la danse. Pour un Russe, la poésie. Pour un Chinois, la calligraphie. Il y a une géographie des cinq sens. Et une certaine outrecuidance dans le projet d'un humanisme visuel destiné, là où les religions révélées ont échoué, à faire la première religion réellement universelle, œcuménique pour de bon.

Il est vrai que les arts plastiques n'ont pas besoin de sous-titre ni d'alphabétisation : ils volent là où la littérature rampe, et jouent à saute-mouton par-dessus les frontières, contrairement aux œuvres littéraires, assujetties aux douanes laborieuses et lentes de la traduction. Ils peuvent parler à tous, y compris aux illettrés, parce qu'ils sont muets. Cette fraternelle planétaire, où le petit bonhomme des Cyclades dialoguerait en silence avec la selle de vélo de Picasso, et la minuscule Vénus de Lespugue avec un stabile de Calder, était inspirée du meilleur sentiment : répliquer à l'étanchéité des foyers d'humanité vantée par Oswald Spengler (référence majeure de l'entre-deux-guerres).

Pour le sombre visionnaire allemand, aucune culture ne pouvait tendre la main à une autre, chacune étant bientôt appelée à se diluer dans une civilisation baveuse et sans contours. Chez l'inventeur français d'un culte d'élite, dominateur et un peu trop sûr de lui, aucune étrangeté ne devait faire obstacle à une communion tous azimuts. Non que notre émotion puisse retrouver par empathie le sens de la Vénus de Lespugue, celui qu'elle eut au paléolithique pour le tailleur d'ivoire qui l'a extraite de l'informe. L'identification affective est un leurre, on ne s'infiltrera pas dans le cœur d'un chasseur de mammouth ou d'un adorateur de Mardouk, l'Atlantide ne remontera pas à la surface.

Nous ne pouvons voir les arts premiers qu'exhumés, réévalués, transfigurés par notre système de valeurs. Mais le seul fait qu'une telle annexion soit encore et toujours possible témoigne qu'aucune solitude n'est incommunicable. Les Shiva des grottes d'Éléphanta parlent « une langue qu'on ne comprend pas, mais dont on entend le son » — ou plutôt une langue que nous pouvons traduire dans la nôtre, comme Gauguin ou Picasso assimilent un fétiche africain ou un masque nègre. Via le jeu des reprises et des métamorphoses s'affirmerait alors la parenté secrète de toutes les créations plastiques, souverainement unies par leur victoire commune sur l'éphémère et l'exotique.

Projet magnifique, et dont l'échec final peut inspirer quelque chagrin. Car il a fallu en rabattre. Le Louvre s'est installé, sinon inculturé dans les pétromonarchies iconoclastes, mais rien n'indique que le dialogue des cultures ait beaucoup progressé de ce fait. Le culte des formes n'a pas fait le tour de la Terre, comme celui du ballon rond. À se demander si cette issue un peu décevante n'était pas déjà incluse dans les prémices de l'entreprise, qui a fait litière un peu vite des latitudes et longitudes. Il suffit de les survoler pour se prendre à douter qu'il existe une part éternelle de l'homme appelée « création artistique » ; et que ce fabricant de fresques, de statues et de tableaux soit l'homme universel partout chez lui.

« Ce geste de *création* dont l'identité et la permanence fondent notre sentiment d'une unité du genre humain » serait consubstantiel à l'humanité ? L'homme aurait partout et toujours voulu donner forme plastique à sa vision de l'univers ? Non. C'est seulement l'indigène à qui le concile de Nicée II (787) a délivré un *nihil obstat* pour fabriquer des images. Vision occidentalisée et en l'occurrence un peu amnésique, qui passe par profits et pertes le deuxième commandement de Moïse : « Tu ne te feras pas d'image taillée, ni aucune figure de ce qui se trouve au ciel là-haut, sur terre ici-bas, dans les eaux ou sous terre » (Exode, 20, 4). Même l'art chrétien, celui qui ne démarque pas les stéréotypes romains, ne commence qu'au VIe siècle, sous Justinien, et il lui a fallu un millénaire pour se réconcilier avec la sculpture, ce stigmate païen (pour beaucoup de Pères de l'Église, les démons s'étaient réfugiés dans les statues).

Souvenons-nous des crises iconoclastes qui ont dévasté notre continent, à Genève, à Lyon, à Saint-Denis. Et du grand absent de cette fresque : l'islam. Le point aveugle. Malraux : « Un pays sans sculpture ni peinture est pour moi un pays muet : d'où la faiblesse de nos relations avec l'islam. » Oubli ou refoulement ? L'expression *Les Voix du silence*, Malraux l'a empruntée à Élie Faure, pour qui elle désigne « les voix intérieures que nous n'écoutons qu'en nous », celles qui ont dicté le Coran incréé au Prophète illettré. Élie Faure l'aura peut-être lui-même empruntée à « la voix de silence subtil » qui, dans la Bible, est celle de Dieu apostrophant Moïse. D'où un grand blanc sur la mappemonde : le monde arabo-musulman, où la relation avec l'Éternel passe par de tout autres médiations. Et où loger l'Asie, dans cet Atlas des arts qui se veut palmarès ? Le tao se passe de démiurge, et n'a pas de place pour des Prométhéens qui font et refont le monde pinceau en main.

« L'artiste n'est pas le transcripteur du monde, il en est le rival. » Cette concurrence un brin mégalomaniaque n'a pas de sens pour la culture chinoise, si l'on en croit Shitao et son *Traité sur la peinture* (début XVIIIe, traducteur Pierre Ryckmans, qui n'avait pas encore pris le nom de Simon Leys). Pour le peintre qu'on appelait le moine Citrouille-Amère, peindre un bambou à main levée n'est pas s'opposer au bambou, mais le faire pousser en son for intérieur. « À l'orgueil de la conquête, écrit François Cheng, l'art chinois oppose l'humilité de l'accueil. » La création asiatique est accompagnement, accomplissement, épanouissement de l'énergie cosmique. L'artiste ici ne s'oppose pas à la nature, il entre en communion avec elle. Son travail à lui n'est pas de défier l'univers, mais de le *rejoindre*, de le laisser résonner en lui, de s'y abolir en quelque sorte en faisant affleurer le souffle vital du cosmos sous l'écorce d'un prunus. Mais nous aimons annexer, n'est-ce pas, ce qui ne nous appartient pas : vieille habitude européenne. Et « arracher aux nébuleuses le chant des constellations », grande prétention, c'est encore une vision à la Faust, qui vend son âme au diable pour conquérir le monde. Une ambition provinciale, et qui ne remonte pas plus haut que notre modernité tardive.

Le point d'orgue est là, de nos jours. Rarement l'art aura été dans notre système de valeurs plus fétichisé, plus officialisé qu'aujourd'hui, rarement l'artiste aura été plus respecté, choyé et porté aux nues par l'esprit public qu'en un moment où la création se vulgarise en d'infinis multiples et biens marchands, où vous et moi, sans apprentissage ni formation préalable, et sans talent particulier, pouvons nous dire artistes — et être crus sur parole. Malraux a donné aux plasticiens un prestige, une éminence quasi sacerdotale dans la Cité, qui ne leur était jusqu'alors reconnue que dans des cénacles ésotériques ou « antisociaux ». Cette prééminence se voit reconnue le « for de juridiction » qu'avait l'Église sous l'Ancien Régime, soit de n'avoir de comptes à rendre qu'à ses propres tribunaux. Affranchi de toute obédience, l'artiste peut se regarder dans la glace comme celui qui ne se laisse enrôler par aucune cause, dicter sa conduite par aucun pouvoir, dit-il. C'est l'anarchiste officiel, le provocateur breveté, le transgressif adulé.

Le clerc d'antan faisait ce qu'il voulait, dans les limites du droit canon ; l'artiste fait ce qu'il peut. Ses seuls juges sont ses pairs, à ceci près qu'il a obligation de s'en distancier, pour réussir sa percée et trancher sur la concurrence. On peut alors se demander si ce souverainisme impénitent n'est pas condamné à se mordre la queue ; si la superstition du geste original, la survalorisation du singulier n'ont pas involontairement engendré « l'hystérie expressive » de l'époque, le droit, non, le devoir qu'a chacun de s'exprimer, d'exhiber son authenticité en label de qualité où l'invention culmine en déjection, éjaculation et excrétion — la merde en boîte de Manzoni ou le *Dirty Corner* de Kapoor. Où l'acte créateur doit confiner à l'action directe, indicielle et sauvage, pour attester son authenticité, où l'attentat du 11 Septembre à New York peut se regarder, disait Stockhausen, comme « la plus grande œuvre d'art jamais réalisée », le stade suprême du happening, un *body art* à la puissance *n*.

Une femme, dit-on, fut récemment poignardée dans une foire d'art contemporain à Miami. Cela s'est produit au milieu des sourires d'un public moyennement intéressé. Personne n'a réagi. Les visiteurs ont cru à une performance. L'art ne doit-il pas « rendre la vie plus intéressante que l'art » et la mort violente ne fait-elle pas partie de la vie ? Faire du plasticien la plus haute figure d'humanité, libre de tout devoir d'apprentissage, c'est en faire potentiellement plus qu'un enfant gâté, un Narcisse à qui n'incombe qu'une seule tâche : se réinventer lui-même, de saison en saison, pour surprendre le pékin en produisant peu importe comment une *info*, sous la forme d'un geste cru et d'une proposition renversante.

Et si le trop fameux « n'importe quoi », à condition que ce ne soit pas de n'importe qui, était le point culminant de cette fabuleuse ascension ? Si faire de l'art une activité autoréférentielle destinée à des enclos également autoréférentiels, les musées, subordonnés à aucune autre valeur qu'à celles qu'elle se donne à elle-même, ne revient pas à la couper de ses sources vives, à la dessécher, à découper l'objet en petits morceaux pour le rendre intéressant, c'est-à-dire inutile ? (Prenez un vélo, enlevez-lui la roue, montez-la sur un socle, mettez un guichet à l'entrée, amenez un critique, et empochez à la sortie.)

Et si un artiste qui n'est en dette avec rien ni personne n'avait plus grand-chose à offrir ? On pense ici à l'avertissement formulé par Jean Cassou en 1960 devant le néoplasticisme géométrique d'un Mondrian : « Il y a là tout un puritanisme agressif dont il serait vain de méconnaître l'attrait qu'il exerce de par le monde, mais dont les effets artistiques ne peuvent être que nuls, la nullité étant la fin où aboutit l'esprit lorsqu'il se résout à n'aspirer exclusivement qu'à lui-même. » Cinquante ans plus tard, on voit ce puritanisme sec et hyperprotestant, qui a plus à voir avec l'esprit qu'avec la chair, soumis au plus concret de la valeur, qui est l'argent, comme si cette version épurée de l'art pour l'art n'avait d'autre issue que l'art pour l'or. Avec un même vocabulaire en commun, celui du management d'entreprise (innovation, transgression, mobilité).

Ici commence l'ultime facétie : André Malraux, parrain putatif de nos boutiques de mode, ou comment passer de *La Monnaie de l'absolu* à la monnaie comme absolu.

Dans une civilisation religieuse, est valeur tout ce qui se rapporte à Dieu. « Dans une civilisation historique, est valeur tout ce que la mort est impuissante à dévaloriser. » Dans une société marchande, est valeur tout ce qui coûte et rapporte. Et Venise, le lieu d'art par excellence, dénationalisé comme un port franc, comme l'artiste largué en parachute sur la Biennale, venu de nulle part et de partout, devient le *showroom* des grandes marques du luxe. Dans cet écosystème, les nouvelles formes d'art devraient s'apprécier comme des « moralités d'époque », pastiches, transcriptions ou détournements qui nous renseignent sur l'état du monde.

L'art sociologue ou journaliste exclut l'idée de développement durable qui préside à toutes nos activités — compositions plastiques exclues. Ennuyeuse est la durée, captivant l'éclat. Épousant l'instantanéité du capital postmoderne jusqu'à en devenir la pointe avancée, l'art-business fond dans l'air du temps comme un symptôme parmi d'autres. *Prière de toucher* affichait Duchamp, qui suggéra de faire d'une toile de Rembrandt une planche à repasser. Il n'a pas été entendu, mais on ne doute pas qu'une planche à repasser sera un jour badgée Rembrandt. Un recyclage insolite, donc intéressant, donc vendable. Un actif parmi d'autres.

On appelle en minéralogie pseudomorphose, et non métamorphose, le remplacement subreptice d'un minerai par un nouveau, mais qui garde la forme de l'ancien. La composition chimique intérieure a changé, non l'aspect extérieur. On continue de parler d'art, mais on ne dit plus œuvre, on dit pièce, ou travail. On ne dit plus métier, mais personnalité. C'est cette dernière qu'une école d'art se propose désormais de former, et c'est devenu un métier en soi que d'apprendre à devenir ce qu'on est. Soit être enfin quelqu'un sans obligation d'avoir fait quelque chose, pourvu qu'on sache répondre aux interviews. C'est se montrer qui importe (« Quand les attitudes deviennent formes »).

Comme l'argent a décollé de la production de richesse matérielle, on se prend à penser que l'art visuel n'a plus vraiment besoin de donner à voir. Priorité à l'idée, aux commentaires, au concept, mais peu importe l'élucubration, l'important est de produire une info, soit l'inverse d'une probabilité d'apparition. L'artiste en vue perd la main, quitte l'ancien monde des travailleurs manuels, celui de ses ancêtres-artisans pour se recycler dans le monde intellectuel, où il a quelque chance d'être plus apprécié que les essayistes, critiques ou philosophes. À New York, chez Christie's, en 2013, un *Balloon Dog* orange de Koons a été adjugé 58 millions de dollars ; sans valoir le triptyque de Bacon *Trois études de Lucian Freud*, parti pour 142 millions de dollars, devenu l'œuvre la plus chère du monde, c'est tout de même plus appréciable qu'un manuscrit de Flaubert ou de Julien Gracq.

L'école d'art à la française, sur les bas-côtés ou aux portes de cette foire qui a perdu la tête, peine à se distinguer de l'école de commerce, et le commerce des œuvres devient un concours de noms propres, où c'est la signature qui valorise, où la réussite consiste non à se faire un nom, mais à faire de ce nom une marque. La certification, d'académique, est devenue médiatique, le demi-dieu de la Renaissance, performeur, et le génie romantique, un génie des affaires. La spéculation n'est plus cérébrale, mais financière, sanctionnée par le maillet du commissaire-priseur. Auquel cas, victime d'une hubris autodestructrice, l'art se mue en tête chercheuse du CAC 40, et le Musée imaginaire en bunker suisse ou luxembourgeois. Adieu au critique d'art, place aux choses sérieuses — accords de revente, déductions d'impôts, premier et second marchés. Tant va la cruche aux flux qu'à la fin elle se casse. Quand nous répétons ce fastidieux lieu commun, « l'Histoire est tragique », nous pensons trop aux bains de sang et pas assez aux liquidités, trop aux coups d'État et pas assez aux coups de Bourse. Trop à l'oreille coupée de Van Gogh et pas assez au plug anal de McCarthy.

Malraux le farfelu. Pieds de nez et crocs-en-jambe n'étaient pas pour lui déplaire. Sans doute accueille-t-il, dans ses appartements du ciel, avec un sourire en coin, le carambolage qui l'aura fait, à force d'exalter l'antidestin, hisser sur le pavois M. François Pinault et ajouter au portefeuille de l'entreprise LVMH. N'en faisons pas un scandale. Ne pas dénoncer, ne pas s'indigner, mais tout simplement, s'amuser de cet humour objectif qui met nos catégories et intentions cul par-dessus tête. Les occasions de rire n'étant pas si nombreuses, on aurait bien tort de bouder celle-là, et encore plus de faire d'une rigolade symptomatique une fin du monde.

On en a vu d'autres, et l'on y survivra.

5

L'histoire à contresens et « la construction européenne »

Les « pères de l'Europe » étaient sûrs d'aller dans le sens de l'Histoire, un sens qui relevait en réalité d'une téméraire métaphysique. D'où nous est venue une « construction européenne » à contresens. Faisons de cet épisode, qui touche aujourd'hui à sa fin, une leçon de choses pour nous rappeler la prééminence du symbolique sur l'économique.

La construction européenne devait marquer le siècle. Ce fut la grande affaire de deux ou trois générations. Quelque cinq cents millions de personnes parlant vingt-quatre langues dans vingt-huit pays rassemblés dans une seule Union, volontaire et pacifique, une cause de ce genre, ça ne se passe pas par pertes et profits, juste avant d'en enfourcher une autre, encore plus magnifique et rassembleuse, la sauvegarde de la planète Terre.

Il faut revenir, un cran en dessous de la grande cause climatique, sur notre zone de libre-échange, cette épopée manquée. La remettre en perspective. Et pourtant, l'on répugne à faire ses comptes avec le rêve du dernier demi-siècle, parce qu'on redoute, ce faisant, de céder aux « sirènes populistes », de faire plaisir à des gens pas très sympathiques, et de la peine à des gens très estimables qui continuent vaillamment de parler relance, sursaut et nouveau départ. La crainte aussi de jeter le bébé avec l'eau du bain, comme si une tâche d'aussi longue haleine pouvait se juger sur le drame des migrants, ou la défection d'un participant, et puis, n'est-ce pas, l'Europe avance par ses crises, ce n'est pas le problème, mais la solution, elle s'endort aujourd'hui, mais se réveillera demain, assez de boucs émissaires, etc. Antiennes connues. Il y a de la peur dans notre pudeur.

L'Union européenne n'a tenu aucune de ses promesses — prospérité, sécurité, croissance, emploi, pôle mondial d'influence —, beaucoup de peuples et le populaire en général aspirent à quitter le navire, ses fonctionnaires eux-mêmes en viennent à douter de leur contribution à un monde meilleur, mais il n'empêche. Intimidés nous restons. Nous avons peur, si l'on venait à ratifier le certificat de décès, de nous retrouver demain du « mauvais côté de l'histoire », comme qui prendrait par mégarde l'autoroute à contresens, cette autoroute qui nous mène, en dépit de quelques retards ou accidents de parcours, du local vers le global, de l'étriqué vers le grand large, de l'unilatéral vers le multilatéral. Tâchons d'oublier le chagrin des pro, la colère des anti (ou l'inverse), pour interroger ce fameux sens de l'Histoire, selon lequel notre Voie royale aurait un bon et un mauvais côté.

Pour les pères fondateurs, l'aventure européenne était certes un acte de volonté, mais articulé sur la nécessité. L'utopie bâtit le plus souvent sur du sable, mais ce n'était pas le cas d'un projet censé épouser le mouvement objectif du devenir, à savoir l'élargissement régulier, par paliers successifs, des horizons humains. Le village s'est encastré dans la région, puis la région dans la nation, et les nations seront demain les régions d'une Europe fédérale, qui, à son tour, d'ici quelques siècles, culminera dans une société politique universelle au sein d'un super-État planétaire, point d'arrivée et fin de l'Histoire. L'économie et la finance étant déjà globalisées, la politique suivra nécessairement, effaçant peu à peu des égoïsmes obsolètes. En s'accrochant frileusement à son petit Landerneau, l'euro-sceptique montre qu'il n'est pas dans les petits papiers du Devenir, lequel lui fera tôt ou tard un enfant dans le dos.

Cette prometteuse euphorie a le mérite de la simplicité, mais n'importe quel atlas actualisé pourrait déjà en faire douter : il y avait cinquante États membres de l'ONU en 1945, il y en a cent quatre-vingt-treize aujourd'hui. Chaque année voit s'édifier sur la planète des milliers de kilomètres de nouvelles frontières. Rhétorique de l'ouverture et pratique de la fermeture : le couple chemine cahin-caha, sans gêne aucune, au vu de tous, il suffit d'ouvrir le journal.

L'allégorie biblique de la tour de Babel ne peut rien apparemment contre l'image rassurante d'un cône de convergence progressive entre tous les habitants de la Terre (l'Ancien Testament était moins optimiste là-dessus que le Nouveau). Cette vision providentielle, transfusée par notre racine chrétienne au messianisme républicain et même ouvrier dès le XIXe siècle, Victor Hugo s'en était fait un formidable prophète, en 1849, quand il ouvrit le Congrès de la paix avec ces mots : « Un jour viendra où l'on verra ces deux groupes immenses, les États-Unis d'Amérique, les États-Unis d'Europe, placés en face l'un de l'autre, se tendant la main par-dessus les mers, échangeant leurs produits, leur commerce, leur industrie, leurs arts, leurs génies… » Le Traité de libre-échange transatlantique, on le voit, a de qui tenir.

En 1867, encore, dans sa préface au guide de l'Exposition universelle de Paris, l'auteur de *La Légende des siècles* voyait venir au XXe siècle « une nation extraordinaire […] illustre, riche, pensante, pacifique, cordiale au reste de l'humanité […]. Cette nation aura pour capitale Paris et ne s'appellera point la France ; elle s'appellera l'Europe ». Pour Hugo, l'Europe serait bien sûr une France transfigurée, élargie, décalquée, bref la projection à grande échelle d'un nationalisme aussi fervent qu'inconscient. Ne rions pas trop de ce chauvinisme lyrique. C'est une évidence historique attestée qu'un ensemble politique a besoin d'un ensemblier, une union d'un unificateur. Nul ne pouvant sauter par-dessus son temps, Hugo, contemporain de Napoléon, n'eut que le tort d'écrire Paris à la place de Berlin.

Quoi qu'il en soit, c'est bien au nom d'une histoire automobile privée de marche arrière, autorisée à ralentir, mais non à reculer, que les gardiens de la foi, qui se relaient chaque semestre à Bruxelles comme les Horse Guards à Londres devant Buckingham, continuent d'osciller entre le sentencieux réprobateur (pour les entêtés du contresens), la condescendance amusée (pour l'enfant chahuteur qui ne comprend pas où est son intérêt) et la réprimande patronale (devant l'insolence du petit peuple ignorant des fins dernières).

L'européisme est une religion hypocrite, mais généreuse, et les croyances ont une résilience que n'ont pas les bévues. Elles flattent notre idéal du moi et nous font nous voir plus beaux dans leur miroir. « La France est ma patrie, l'Europe mon avenir », disait François Mitterrand. Si la foi en « l'Europe mon avenir » résiste aux déboires et camouflets quasi quotidiens (perçus comme de simples reports d'échéance), c'est qu'il s'agit sans doute d'une *illusion*, au sens freudien : « Ainsi nous appelons illusion une croyance quand, dans la motivation de celle-ci, la réalisation d'un désir est prévalente, et nous ne tenons pas compte, ce faisant, des rapports de cette croyance à la réalité. » Nous n'aimons pas la réalité, et nous n'avons pas tort. Elle est très contrariante. Parfaitement immorale et fort désagréable. Nous valons mieux qu'elle — enfin, nous, tels que nous nous aimons. D'où notre propension à préférer nos désirs à la force des choses. C'est peut-être vain, mais c'est assez sain. Où irions-nous si nous ne faisions que lui obéir ? Où en serions-nous si nous avions suivi, depuis nos dix mille dernières années, les lois de la jungle ?

Quel Européen honorable ne désirait, en 1945, mettre fin à la guerre, à la misère et à l'impuissance ? 1914-1918 n'avait pas assez épuisé les parties prenantes pour faire d'un *plus jamais ça* autre chose qu'un vœu pieux ou un pacte en papier pour la diplomatie des lacs de l'entre-deux-guerres, comme le pacte Briand-Kellogg, proscrivant à tout jamais le recours à la force. 1939-1945, cela avait mis à terre et quasiment à égalité les vieux adversaires, les pays victorieux comme les vaincus. On pouvait dès lors passer aux travaux pratiques et l'on comprend l'enthousiasme des années 1950. D'autant que l'Amérique, la puissance protectrice, soutenait activement une intégration européenne qui répondait doublement à son intérêt national : comme débouché à sa production industrielle et comme glacis contre le bloc communiste.

Le credo européen, à l'intérieur, s'appuyait sur deux postulats : 1) l'Europe apporte la paix — quand c'est la paix mondiale et le parapluie nucléaire américain, via l'équilibre de la terreur, qui ont rendu l'Europe possible et une guerre intestine impossible ; 2) nos petits pays n'étant plus de taille face aux grands blocs, seule l'Union fera la force. Deux évidences à première vue, quoique douteuses à la seconde. Israël, Singapour, la Suisse ou le Qatar, les derniers par la taille, se retrouvent premiers sur beaucoup de terrains, et quoi de plus faiblard, par ailleurs, qu'une union en trompe l'œil ?

Derrière l'apparent pragmatisme de petits pas astucieux, gisait un idéalisme moral exaltant, fondé sur une vision téléologique de l'Histoire. Il faisait déboucher à terme, mécaniquement, la Communauté européenne du charbon et de l'acier, puis l'Union douanière, puis la Communauté tout court, sur un avenir d'autant plus convaincant que gagné d'avance : les États-Unis d'Europe. Le traité de Rome, si bien nommé, fut au fond un lit pour deux rêves, le début d'un flirt entre deux vieux adversaires sur le retour, le progressiste et le chrétien.

Sous l'angle politicien, un échange d'arrière-pensées contradictoires : la gauche a accepté le marché parce qu'elle voulait l'Europe, et la droite a accepté l'Europe parce qu'elle voulait le marché. (Un marché de dupes pour la gauche, soit dit en passant, car l'Europe s'esbigne, tandis que le marché reste là.) Mais sous l'angle spirituel, plus intéressant, on peut y voir un compromis passé entre deux mystiques d'âge différent, ce qui restait de la chrétienté et ce qui restait des Lumières, entre démocrates-chrétiens (Schumann, Adenauer) et sociaux-démocrates (Nenni, Brandt). L'alliance des deux piétés héréditaires s'est faite à partir d'une même appréhension finaliste du temps, tantôt accomplissement d'un programme évangélique de salut, tantôt cheminement laïque de la Raison avec un R majuscule, ce grand vide unificateur.

L'Europe, née catholique, est devenue avec le temps d'inspiration protestante, suite à la nouvelle hégémonie du Nord sur le Sud, mais il est symptomatique que le pape soit aujourd'hui le dernier à vouloir donner un sens à ce qui n'en a plus guère, car c'est sa foi à lui, la mieux armée, la mieux ancrée. Nos athées européistes sont des théologiens qui s'ignorent, et qui refusent de payer tribut aux vrais pères fondateurs que sont d'un côté saint Augustin, de l'autre Hegel, quand leur idée de l'Europe relève d'un pacte œcuménique signé entre ces deux derniers. Sa mise en forme, il est vrai, doit plus à l'évêque d'Hippone, comme l'atteste notre drapeau bleu marial aux douze étoiles, emprunté textuellement à l'Apocalypse de saint Jean (legs d'un jésuite belge à la CEE), douze et non vingt-huit étoiles, comme il se devrait, Écritures saintes obligent.

Les vétérans du Vatican rêvaient d'une nouvelle chrétienté, laquelle se porte toujours mieux quand les États-nations font profil bas (rendre à César, oui, mais le moins possible). Les descendants d'une mystique rationaliste rêvaient quant à eux d'une apothéose des Lumières, studieuse, industrieuse, démocratique et pacifique, avec une Commission, à Bruxelles, porteuse de « l'unité en marche de notre continent ». La vie est faite de malentendus et l'Europe aussi, comme le reste. Elle aura fait, en somme, un quiproquo exceptionnel, sinon exemplaire, entre le pacifisme des socialos, l'hédonisme des bobos, l'économisme des libéraux, le juridisme des juristes et l'atlantisme des généraux.

Le grand malentendu a eu ses revenants-bons, de part et d'autre : aux conservateurs vieux jeu, il aura donné un coup de jeune, aux orphelins du progrès, un messianisme de rechange. Il ne faut pas s'en plaindre. Et c'est d'ailleurs au moment, vers 1983, si je me souviens bien, où le socialisme dans la liberté glissa doucement dans la trappe que fut lancé en France, mythe-relais et bouche-trou, le grand récit de « l'horizon 1992 ». Il était le bienvenu. Parce qu'on ne détruit que ce qu'on remplace, et remplacer un espoir vieillissant par un autre flambant neuf, c'est respecter le principe de précaution.

Le bout du tunnel a besoin de relèves, comme ailleurs les troupes en première ligne. Cela redonne un nord aux déboussolés, et du cœur au ventre aux désappointés. Dans la mesure où donner une direction, c'est donner un sens, la ligne de fuite européenne aura, sinon prévenu, du moins retardé l'avènement du nihilisme dans les affaires publiques, désormais officiel. Sauf que les effets psychologiques de l'atterrissage sont moins heureux. La gueule de bois, après l'espoir, cela alimente, par réaction, l'amertume revancharde et chauvine. À trop brimer les fiertés nationales, à trop mépriser la souveraineté des peuples, le retour de bâton s'effectue sous les plus mauvais auspices. Qui veut faire l'ange, c'est connu, donne à la bête un marchepied.

On a bien raison de déplorer le retour des égoïsmes nationaux, mais il serait facile de montrer qu'ils n'avaient jamais quitté la scène, car les six, puis neuf, puis douze, puis toutes les nations agrégées ont pris chaque fois le tramway nommé Europe pour satisfaire un intérêt national bien compris. Si ce repli donne des maux de tête aux doctrinaires du libre-échange, c'est qu'ils voient rien de moins que le retour du Mal dans un continent qu'on savait peccamineux, mais qu'on croyait en marche vers le Bien. Car toute métaphysique se devant de résoudre le problème du mal, l'État-nation, dans cette conception, tenait lieu de malin génie. Il convient de l'affaiblir, et le haïr toujours, au fond de son cœur, à mots couverts. De nos prés carrés respectifs seraient venues, dit la légende, calamités guerrières et autres hystéries. « Le nationalisme, c'est la guerre. »

Une lecture plus attentive des guerres passées inciterait plutôt à penser que ce sont les empires, et non les nations en tant que telles, qui ont déclenché les engrenages catastrophiques : Empires allemand et britannique en 1914, allemand derechef et japonais en 1940 et 1941, américain et russe par la suite. Il faudrait plutôt dire : l'impérialisme c'est la guerre, mais il est toujours dangereux de se plonger dans les livres d'histoire, notamment les ouvrages de Jaurès sur la défense nationale. À y regarder de trop près, on risquerait d'y perdre son latin.

Cela dit, on n'en admirera que mieux des visionnaires assez audacieux pour fabriquer sur plan un objet politique non identifié déjouant les lois attristantes de l'intérêt national, autant dire de la chute des corps, grâce à la libre circulation des marchandises et des capitaux. « Cette Europe, que le pape François a affectueusement appelée "grand-mère", écrivait récemment Romano Prodi, l'ancien président de la Commission européenne (1999-2004), doit redevenir la mère d'une nouvelle vision politique plus généreuse et porteuse d'espoir. » Une fédération sans fédérateur (apparent), une structure sans dominance, une diplomatie sans armée, une file sans chef de file, c'est en effet une entorse aux lois de la pesanteur, proche du miracle, ce qu'est un peu l'Immaculée Conception au péché originel, ou le mensonge romantique à la vérité romanesque.

Bruxelles avec ses mirages et Lourdes avec ses miracles ont eu pour point commun, ce n'est pas rien, de nous avoir fait rêver à un au-delà de nos lois de reproduction banalement polémiques et dialectiques. Ce n'est pas, souvenons-nous, l'union douanière, le *Zollverein*, qui a unifié l'Allemagne morcelée du XIXe siècle, ce sont les victoires militaires de Sadowa et de Sedan, sur l'Autriche et la France. Pour notre morcellement à nous, les choses avaient pourtant commencé, d'une façon on ne peut plus classique, par la confrontation du bleu avec le rouge. Les démocraties européennes, à peine sorties de la guerre, trouvèrent, grâce au rideau de fer, un impérieux, un serviable catalyseur : le bloc communiste. Chaque fois que, de simple expression géographique, l'Europe est devenue, dans notre culture, une expression politique, ce fut au lendemain d'une bataille contre un ennemi extérieur et un peu trop expansif.

Poitiers, 732. Les Francs face aux Sarrasins. Les épées contre les flèches. Un rezzou peut-être, une escarmouche, mais politiquement et symboliquement profitable. Lépante, 1571. Face au Grand Turc, la Ligue. Face à Ali Pacha, Don Juan d'Autriche réunit sous sa houlette Savoyards, Génois, Romains, Vénitiens et Espagnols. Le mot Europe retrouva alors, pour peu de temps, un sens éminemment politique. Le repoussoir cristallisant du calife omeyyade et du sultan ottoman aura donc été tenu, après la Seconde Guerre mondiale, par le maréchal Staline (et Jules Monnerot, à l'époque, décrivait assez finement le communisme soviétique comme l'islam de l'Occident), un islam intérieur, pour ainsi dire. La création continue du Barbare est un devoir de civilisation, car une communauté de destin se forge, au départ, en se donnant un ennemi commun, structurant et revitalisant. *Challenge and response*, dit l'historien Arnold Toynbee.

Oui, l'Empire perse explique le génie grec, comme Mahomet explique Charlemagne, et Staline, la Communauté européenne d'antan.

« Nous allons vous jouer un sale tour, vous priver d'ennemi », lançait en 1989 un diplomate soviétique à son interlocuteur américain. L'Otan s'en est trouvé d'autres aussitôt, pour parer le coup. Quelle fédération dans l'histoire n'a vérifié cette vérité première : nul ne se pose qu'en s'opposant ? La paisible Suisse s'est opposée, les armes à la main, au Saint-Empire romain germanique, comme la République protestante de Genève au grand-duché de Savoie (on y célèbre encore la journée de l'Escalade). Et les États-Unis à la Couronne britannique. Ce qui nous ramènerait au très incorrect constat dressé il y a vingt-cinq siècles par Héraclite d'Éphèse : « *Polemos* est le père de toutes choses, de toutes le roi ; et les uns, il les porte à la lumière comme dieux, les autres comme hommes ; les uns, il les fait esclaves, les autres, libres », ajoutant « tout devient par discorde et par nécessité ». Oui, pas de politique sans polémique, pas d'unité sans division. De même qu'un homme sans ennemis est un homme sans destin, une entité politique qui refuse d'en avoir n'accède pas à l'actionnariat historique. Inutile de citer Carl Schmidt. C'est dans toutes les chroniques depuis trois mille cinq cents ans.

Oui, me direz-vous, mais il y a des rythmes dans la vie des peuples comme des individus. Des biorythmes naturels, une respiration. Il est naturel et sain, par exemple, qu'une beuverie nocturne débouche, au petit matin, sur un serment d'éternelle sobriété, ou une chaude-pisse sur un vœu de chasteté — pardon pour cette comparaison. De même est-il juste et salutaire qu'une monstrueuse hécatombe débouche, à chaque reprise, sur un projet de paix perpétuelle. La guerre civile européenne de 14-18 fit, après coup, du pacifisme une religion française et populaire ; la guerre mondiale de 39-45 fit du triptyque arbitrage, multilatéralisme et sécurité collective un idéal consensuel. Ce genre de décompression est légitime et bien venu. Il est normal, en particulier, qu'un peuple exsangue, gorgé de *Volkish*, de Forêt-Noire et de Walkyries, envoûté par les mythes wagnériens de la terre et des morts, se tourne en réaction contre ces ivresses barbares vers des conceptions éthérées du lien social, tel le très désincarné « patriotisme de la Constitution » proposé par M. Habermas à ses compatriotes.

Soit une patrie hors-sol, sans histoire ni géographie, sans fêtes de la bière ni culottes de peau, sans Lorelei ni Ligue hanséatique. À chaque peuple sa *catharsis*. Son défibrillateur, pour ainsi dire, après l'affolement cardiaque. Peuple, c'est deux choses en une, et les Grecs anciens avaient deux mots pour le dire : *dèmos* et *ethnos*, la masse du peuple, par opposition aux rois et aux chefs, et un groupe humain ayant même langue et mêmes coutumes, par opposition à ses voisins. Un *dèmos* sans *ethnos*, succédant à un *ethnos* sans *dèmos*, c'est après un délire culturaliste un mouvement pendulaire des plus naturels. Il n'interdit pas de souhaiter qu'on puisse un jour raccorder les deux moitiés du programme, celui de gauche et celui de droite, *le* peuple comme *dèmos*, avec ses droits imprescriptibles et *un* peuple comme *ethnos*, avec sa personnalité indestructible. Une démocratie a-culturelle et anhistorique ne résiste pas longtemps au retour un peu effrayant du refoulé ethnique. Voir ce qui se passe en ce moment chez nos amis germaniques (s'il est permis de les appeler ainsi).

Ce rappel, bien sûr, doit se faire avec prudence. Si tout projet politique échoue qui méconnaît l'empire de la force et qu'une politique du Bien n'a jamais fait une bonne politique, il n'est pas moins vrai que la recherche d'un antagoniste peut devenir poison dès qu'on en abuse. Comme le sacré, la frontière, la langue elle-même, « la pire et la meilleure des choses », la notion d'ennemi exige un usage pharmaceutique parce qu'elle a l'ambivalence du *pharmakos* grec. *Hostes*, l'hôte, *hostis*, l'ennemi, une seule voyelle en latin, et tout s'inverse. Le sempiternel « nous sommes en guerre » est une potion à risques. La sagesse grecque dit également : *medèn agan*. Rien de trop.

Quoi qu'il en soit, en se dérobant au devoir de frontière extérieure, l'UE se dérobait à son devoir d'histoire. Il est, pour sûr, d'autres causes à son délitement, plus ostensibles et fréquemment citées. En vrac : déficit de leadership, mauvaise architecture institutionnelle, surendettement public, poussée migratoire imprévue, élargissement précipité et non préparé, absence d'une réelle Banque centrale, et j'en passe. Chacun connaît la check-list des réparations techniquement nécessaires pour un redémarrage de la machine, jusqu'au grand sursaut fédéral et salvateur. Une fiscalité commune. Un ensemble à cercles concentriques, avec un noyau dur. Une réduction du nombre de niveaux de pouvoir, pour l'heure impossible à coordonner (Commission, Conseil, secrétaire général, Parlement). Une subsidiarité plus franche. Etc. Sans oublier nos propres défaillances morales, à nous piètres Européens qui ne sommes pas à la hauteur de l'Europe.

Car, on nous le répète, ce n'est pas l'idée de l'Europe en soi qui a failli. C'est le *manque d'Europe*, ou plus exactement la trahison de l'idéal européen « tellement éloigné de ce que nous avions espéré » (Prodi). Ritournelle traditionaliste s'il en est. Ce n'est pas là monarchie absolutiste qui a failli, disait-on sous la Restauration du côté de Joseph de Maistre, c'est l'inconséquence de cet absolutisme. « C'est plus de droit divin qu'il nous faut. » Ce n'est pas le communisme qui a failli, ai-je entendu dans la bouche d'ultramilitants. Ce sont les compromis passés avec le monde capitaliste. « C'est plus de communisme qu'il nous faut. » Ce n'est pas moins, c'est plus d'Europe qu'il nous faut. Chaque fois qu'un dogme vient à s'écrouler, il se sauve dans l'esprit des croyants par une fuite en avant. Cette surenchère est un geste de légitime défense : il évite la remise en cause d'une vie entière.

Toutes ces imperfections et propositions d'ordre technique ont leur part de vérité, mais elles ne colmatent pas la voie d'eau initiale : la superstition insensée de l'économie comme science et religion. C'est avec l'idée qu'on allait pouvoir passer de la concurrence non faussée à une cohésion vécue, d'une zone de libre-échange à une communauté de destin sans rupture de charge, et susciter une *affectio societatis* avec une règle à calcul assortie de règlements juridiques. L'idée, en d'autres termes, qu'on peut créer de l'organique avec une mécanique fondée sur l'addition « normes + procédures », soit « économie + droit ». C'est la misère symbolique d'un projet pourtant destiné à rassembler des pays riches (PNB élevé, QI remarquable) qui me paraît engager le pronostic vital. Voir dans le gratte-ciel « dont chaque mot fait frémir les marchés financiers », où s'est installée la Banque centrale européenne (à Francfort, dans l'ancien marché aux fruits et légumes), le donjon, la flèche et le cœur du « réacteur Europe », c'est regarder en face sa mort future, celle qu'annonce une absence de finalité autre qu'une allocation de ressources optimale. La grandeur morale invoquée dans cette affaire par nos hommes d'affaires aux commandes n'a pas les ressources psychomotrices dont elle aurait eu besoin.

L'Union européenne se flatte d'être une communauté de valeurs (« une puissance des droits de l'homme et du dialogue Nord-Sud »). À la bonne heure. Contrairement aux sacralités, qui font obligation, les valeurs, ces cache-misère, sont des biens en libre accès et qui n'engagent à rien, et surtout pas à faire ce qu'on dit. Que l'Union disparaisse, on ne voit d'ailleurs pas nos pays dénoncer la Déclaration universelle des droits de l'homme ni se retirer de l'ONU. Soyons réalistes. Pour échapper à la faillite, il faut plus que du blabla, il faut partager un imaginaire, de ceux, par exemple, qui se gravent sur des pièces de monnaie et s'impriment sur des billets. Les billets sont les lapsus des collectifs, leur « mot d'esprit », dirait Freud, ici, d'absence d'esprit. La zone euro a peut-être le papier-monnaie qu'elle mérite, mais elle ne laissait pas pressentir un grand avenir quand il fut dévoilé et célébré en feux d'artifice à Paris, Rome, Berlin et ailleurs, le 1er janvier 1999. Il suffisait de regarder d'un peu près nos sept nouveaux billets et les pièces baptisées *cents*, à l'américaine (en langue romane, « cent » veut dire centaine et non centième), pour douter que l'euro puisse jamais avoir la valeur identitaire et exaltante qu'annonçaient nos autorités officielles.

La preuve, ce que j'ai pu en écrire cette même année, du fond de mon inexpertise, et que je me permets de vous relire, toute honte bue, vingt ans après :

> Que voit-on sur nos futurs billets ? Recto, une fenêtre. Verso, un pont. Fenêtres et portails illustrent l'esprit d'ouverture ; et les ponts, l'idée de communication. Cinq

euros, une baie antique, un aqueduc. Dix euros, un portail roman, un pont de pierre. Etc. Deux cents euros, une porte vitrée, un viaduc. Pas un homme, pas une silhouette sur ces passerelles, sous ces voûtes en suspension, piliers et colonnes posés sur le vide. Aucun nom propre, aucun portrait, aucune devise. Ni date ni lieu. Visuels d'ordinateur. Pictogrammes passe-partout. Marketing et design ont accouché d'un système d'identité visuelle auquel personne ne peut affectivement s'identifier. C'est l'Euroland comme *no man's land, no sight's land, a land of nowhere.*

Cette terre flottante, sans pilotis dans la mémoire de ses habitants, est-ce là la « métanation », le grand peuple en formation qu'on nous avait annoncé ? Euro, Europe année zéro ? [...] Serions-nous donc, Européens, sans souvenirs ? Laissons les gloires politiques et militaires de côté, qui vexeront toujours un amour-propre national. Restaient Érasme, Newton, Camões, Shakespeare, Garibaldi, Goethe, Voltaire, Cervantès... « Aux grands hommes, l'Europe reconnaissante » ? Quinze pays, vingt et un demain, vingt et une galeries de grands hommes... On l'admet : le choix n'était pas aisé. Certes, mais la réduction de l'héritage à de l'immobilier, et de la mémoire collective à des lieux sans mémoire — témoigne d'une inquiétante inaptitude à personnifier, à donner à voir et à imaginer, sans équivalent dans la genèse des autres fédérations appelées à durer.

Que nos États-Unis d'Europe puissent un jour faire la paire avec les États-Unis d'Amérique ? Goûter, c'est toujours comparer. Placez ces deux petits rectangles de papier l'un à côté de l'autre. Le *green back* de l'Oncle Sam, c'est deux siècles d'histoire en recto verso. Un western incarné, avec des noms propres. $1, George Washington. $2, Thomas Jefferson. $5, Abraham Lincoln, $10, Alexander Hamilton, $20, Andrew Jackson. $50, Ulysses Grant. Les treize colonies américaines avaient la même langue, la même foi en Dieu, et surtout un même ennemi, la Couronne britannique : avantage de départ considérable.

Ce puzzle s'est soudé comme unité souveraine, non par l'économie, mais par un acte politique originel, suivi d'une guerre anticoloniale de libération, et ensuite trempée dans une guerre de Sécession. Si vous avez la chance d'avoir un billet de cent dollars entre vos mains, vous verrez, au recto, Benjamin Franklin et, au verso, l'Independance Hall de Pennsylvanie, un « lieu de mémoire » sans équivoque se détachant d'un paysage bien identifié, sous la devise : *in God we trust.* L'Europe n'est certes pas la terre d'un peuple élu, Dieu merci. Est-ce à dire qu'elle ne peut rêver à rien d'autre qu'à échanger au meilleur prix des marchandises ?

C'est très dense, un billet d'un dollar. Washington, en médaillon, l'ancien commandant en chef de l'armée continentale, perruque poudrée, jabot, soixante-quatre ans. Observez le sceau de près. L'aigle représente la souveraineté américaine. Sa tête, l'exécutif ; son écusson, le législatif ; sa queue à neuf plumes, le judiciaire. Dans sa serre droite, un rameau d'olivier. Dans la gauche, les flèches de la guerre. Le tout sous une « gloire » divine, l'Esprit Saint.

Voyez au verso. L'œil du Bon Dieu, bien ouvert, couronne la pyramide à treize gradins (les colonies originaires). La puissance séculière de l'État — armée et bureaucratie — se place ainsi sous élection divine. *Annuit coeptis* : Dieu a secouru nos entreprises. C'est le blason d'une nation à la « destinée manifeste » (l'URSS l'était aussi, messianique, mais ce n'était pas une nation), sans doute la dernière au monde de ce type, avec Israël, mais qui a vocation, elle, à vouloir la « gouvernance globale ».

L'euro, à côté, ressemble à un billet de Monopoly. Aucune histoire à raconter, pas d'événement fondateur, pas de héros d'indépendance, et pas d'indépendance. Il faudrait être naïf pour s'imaginer que, d'un supermarché, puisse naître une superpuissance, sans payer tribut, un jour ou l'autre, au tragique de l'Histoire. « Rien de grand ne se fait sans passion » ? L'Europe en reste au calcul. Autant dire qu'elle n'est pas prête à affronter comme une grande les périls et les tempêtes.

Que l'euro concurrence un jour le dollar est un espoir, en Europe, largement partagé. Mais l'économie ne fait pas la puissance ; et il n'y a pas apparence que la richesse européenne puisse faire jeu égal avec la puissance américaine — dont elle n'est, pour l'heure, qu'un prolongement politique et militaire. En clair : la vassale d'un suzerain impérial, la Carthage d'une nouvelle Rome, dont elle ne conteste même pas, ni en principe ni en fait, la suzeraineté. Si peu fière, cette Europe intégrée à l'OTAN, qu'elle a même renoncé à constituer le fameux « second pilier » de l'Alliance atlantique — par crainte de fâcher le premier, qui se commande de Washington. *Fin de citation (novembre 1998).*

Résultat, deux décennies plus tard : les États-Unis ont une symbolique, l'Europe dite unie a des statistiques. Conséquences : les États-Unis ont une stratégie, l'Europe n'en a pas. Cette incapacité était dans ses gènes, mais le retard à la comprenette est inévitable, l'imprévoyance aussi, quand on refuse d'apprendre du passé sous prétexte qu'il n'y a pas de leçon de l'histoire, et encore moins pour des générations auxquelles on apprend à se boucher les oreilles en les envoyant se déséduquer dans des *business schools,* comme Sciences Po Paris.

Ce n'est évidemment pas à l'euro qu'il faut remonter, qui n'est qu'un symptôme, mais cinquante ans auparavant, au logiciel source tel que le conçut l'inspirateur, le discret

Jean Monnet, élégante et fatale incarnation de l'*homo economicus* (1888-1979). Il faisait partie, lui et ses coéquipiers, du Comité des États-Unis d'Europe, persuadés qu'une Union économique et monétaire déboucherait, par un irrésistible engrenage, sinon sur une Europe indépendante, donc armée et cuirassée, du moins sur une puissance politique digne de ce nom. C'est peu dire qu'ils n'avaient cure des universaux du regroupement humain, Eurogroupe inclus. L'histoire ne les intéressait pas.

Banquier expéditif, éduqué à Londres puis au Canada et aux États-Unis, fasciné par la puissance américaine, chargé à Alger des fournitures pendant la Seconde Guerre mondiale, puis commissaire au Plan dans la France libérée, Monnet croyait dur comme fer dans la priorité de l'intendance et la primauté de l'expert sur l'élu. S'estimant, bien sûr, et comme tous ses pairs en technocratie, libéré de toute vaine idéologie ou parti pris. Le genre de présomption dont mieux vaut se garder. Chaque époque a son idéologie, et l'on n'en a jamais vu qui n'en ait pas une, sans besoin, pour ce faire, de bréviaire ou de grands discours. L'idéologie, c'est tout simplement ce qu'un groupe d'hommes, quel qu'il soit, s'accorde à tenir pour réel. C'est plus précisément le partage qu'il fait d'instinct entre le dur et le mou. Et M. Monnet, qui se vantait d'avoir l'esprit pratique, tenait que le plus réel dans l'homme, c'est le producteur et le consommateur. Et que l'économie, c'est le dur, et le culturel (ou ce qu'il appelait ainsi) le mou.

Tel était son a priori, dont ses successeurs se firent un catéchisme, appelé néolibéralisme. Ce faux dur nous a valu un édifice sans fondations. Le marché était censé faire le bonheur des hommes, fût-ce en cassant tous les services publics, parce qu'il ferait baisser les prix. La phrase fameuse qu'on lui a prêtée — « S'il fallait refaire la construction européenne, il faudrait commencer par la culture » — est aussi sympathique qu'apocryphe. On serait d'ailleurs bien en peine de lui donner une traduction concrète. Une culture, c'est d'abord une langue. M. Monnet eût évidemment commencé par l'anglais comme langue officielle des institutions européennes, ce qu'elle n'est devenue que plus tard. Il nous aurait peut-être fait gagner du temps, et de l'argent (services de traduction allégés). L'adhésion des derniers pays candidats s'est discutée et réalisée uniquement en anglais, et la part des documents officiels rédigés en français est passée de 38 % en 1996 à moins de 5 % en 2015. Si M. Pierre Moscovici, commissaire européen, écrit de Bruxelles en anglais au ministre français des Finances à Paris, c'est pour mieux se faire comprendre.

Un réaliste *matter of fact* qui se trompe sur le principe de réalité, c'est plus fâcheux qu'un boy-scout main sur le cœur. Celui-là, on s'en méfiera un peu, alors qu'on ne peut pas soupçonner le premier de nous envoyer dans le mur, pour passer outre ce très curieux et paradoxal principe de réalité stipulant que seul un irréel en amont peut donner consistance à un ensemble en aval. Une forte relation *entre* exige une relation *à*, en sorte qu'une commission supranationale doit admettre un encore plus *supra* qu'elle pour faire autre chose qu'un agrégat inconstitué de membres désunis.

Les besoins objectifs d'une communauté sont médiatisés par des représentations subjectives, ou si l'on préfère ses jugements de réalité par des a priori d'ordre moral (la vérité, la justice, l'intégrité). Qu'il ne puisse y avoir de coordination fiable entre des humains sans une référence à un principe sacralisé et indémontrable, c'est assez difficile à admettre, je le reconnais, surtout quand on fait profession de modernisme *up to date*, et l'on peut comprendre que le principe d'incomplétude, dont j'ai déjà eu l'occasion de vous parler, échappe aux esprits les mieux intentionnés. Mais cela se paye, hélas, au prix fort.

Le glissement d'une Union sans exemple ni précédent à une Cancanie mal déguisée (c'était le nom donné par le romancier Musil à l'Empire austro-hongrois à la veille de 14-18), j'y verrais pour ma part une contribution des plus utiles à l'étude de l'impératif symbolique. Que le mieux soit l'ennemi du bien, on le savait déjà, me direz-vous. Mais ce qui va au-delà du lieu commun, c'est le renversement du pour au contre. On nous dit : « Nous voulons un monde de consommateurs tournés vers le futur, sans fil à la patte. » Soit. Moyennant quoi nous tombe dessus ce qu'il y a de plus rétro. Le postnational éclate en micronationalismes et en résurgences prénationales (Catalogne, Écosse, Padanie...), qui nous font retrouver, au bout du XXIe siècle, un paysage du XVe siècle, ou à peu près. Il y aura beaucoup de passé, semble-t-il, dans l'avenir européen.

La nouvelle Ève, apparemment, ne sera pas au rendez-vous, je veux dire l'Europe régénérée, rachetée de ses péchés originels, égoïsme et bellicisme, avec des gouvernements nettoyés en « gouvernance », transparente et proprette, 3 % de déficit, main invisible, espaces verts, missions humanitaires, énergies renouvelables. Il fallait être un ennemi du genre humain pour se refuser à un mirage de ce genre, où Emmanuel Kant allait donner la main au prophète Isaïe. Les fruits, dirons-nous pudiquement, n'ont pas passé la promesse des fleurs et si, aujourd'hui, l'Europe s'est intégrée, on commence à savoir à quoi — au tout-marchandise — et à qui en termes diplomatiques et militaires — au chef de file d'outre-Atlantique qui, fort de son avancée technologique et de son génie dans l'industrie culturelle, pourra encore mieux phagocyter nos comtés et archiduchés, plus faciles à digérer que de vieux États-nations ayant encore pignon sur rue. Comme la France et l'Espagne purent jadis, au XVIe siècle, recruter leurs vassaux et leurs clients dans les grands et petits duchés d'une Italie en morceaux. Nos diverses principautés intérieures auront leur cuisine, leur idiome et leurs danses locales, mais non leur mot à dire sur les affaires du monde, laissées, elles, à l'hyperpuissance extérieure qui en aura fait ses relais d'influence. Cette Europe-là, à vingt-huit, à trente-cinq, à quarante, pourquoi pas, serait une excellente affaire pour les États-Unis d'Amérique, grand soutien, et pour cause, d'une Union de consommateurs sans protection ni gouvernement, sans tarif douanier ni volonté.

Beaucoup d'Européens peuvent trouver leur bonheur dans ce doux renoncement, qui les exonère des fastidieux devoirs et contraintes de l'existence historique. Ce n'en est pas moins l'inverse du projet inaugural, tendant à faire d'un continent réduit aux seconds rôles un acteur de premier plan, au même niveau que les plus grands.

Bref, si l'on ne peut jamais savoir l'Histoire qu'on prépare, on en sait tout de même assez pour savoir comment on est refait quand on fait sienne la pensée managériale, un illusionnisme bardé de chiffres et de courbes, qui croit pouvoir configurer et commander une communauté humaine à partir des seuls indices de production, de consommation et de dépenses publiques. L'économie passe pour science. C'est plutôt une parascience très approximative, nécessaire et non suffisante, mais en aucun cas la science-pilote de l'avenir, à quoi prétendent nos obnubilés aux commandes.

Viendra un jour, n'en doutons pas, où les Européens, ou du moins certains d'entre eux, las d'être réduits à un statut de dominion d'un empire américain sur le retrait, se redresseront de pied ferme. Contrairement à ce qu'on dit, l'Histoire repasse les plats, et il reste à souhaiter qu'à notre prochain service se mêlent d'autres cuisiniers, d'autres convives, avec un menu, disons, plus relevé. Il y a des exploits qu'on ne réussit pas du premier coup. Gageons que l'Europe européenne fait partie de ceux-là. Alors, hauts les cœurs ! Ce n'est pas la fin de notre histoire, encore moins de la géographie, tournons cette page bien écornée, et à la revoyure !

6

L'histoire progressiste et le progrès rétrograde

Autant le savoir pour prévoir : les ruptures techniques ont pour contrepartie des ressourcements culturels, qui vont du rapiéçage à la surenchère. Aussi notre postmodernité est-elle, contre toute attente, criblée d'archaïsmes. Que l'humanité puisse faire marche arrière dans un domaine, tout en allant de l'avant dans un autre, devrait modérer les enthousiasmes futuristes.

On appelle historicisme l'idée selon laquelle l'Histoire fait passer l'humanité par une série de stades successifs, le dernier en date venant recouvrir le précédent jusqu'à le rendre obsolète. Une fois que le primitif est devenu civilisé ; le féodal, capitaliste ; le capitaliste, communiste ; l'enchanté, désenchanté ; le magicien, docteur — la partie est gagnée, il peut larguer les amarres et lever l'ancre vers un avenir meilleur. Ancien ou moderne, il faudrait choisir son camp, et quand on est l'un, on n'est pas l'autre : d'où ces prises de bec furibardes et chaque jour répétées entre « progressistes » et « conservateurs ». Tel est le *Kampfplatz* des esprits simples ou des simples d'esprit, la boîte à rangement des gazettes dans le vent, ou bien ouvert ou bien fermé, ou bien vif et frais ou bien moisi et scrogneugneu, chacun son étiquette.

Une commode familiale trop commode, sans tiroir où nicher un matérialiste théologien, un vengeur des opprimés comme Walter Benjamin exaltant « le saut du tigre dans le passé »... On nous cite toujours Péguy, à la bonne heure, mais nos amis européens, qu'en fait-on ? Dans quelle case ranger l'inventeur de l'intersectionnisme, le Portugais Pessoa, le banquier anarchiste, le patriote cosmopolite, polyglotte et indigéniste ? Où loger un anarchiste tory comme Orwell, le combattant internationaliste de la guerre d'Espagne pour qui entendre le *God save the king* sans se mettre au garde-à-vous relevait du sacrilège ? Que faire d'un avant-gardiste passéiste comme Pasolini, le défenseur des lucioles en perdition dans les campagnes, qui en appelle aux forces révolutionnaires de la tradition ? Et d'un progressiste nostalgique comme Benjamin, qui regrettait que la classe ouvrière désapprît « tout ensemble la haine et l'esprit de sacrifice, car l'une et l'autre se nourrissent de l'image des ancêtres asservis, non de l'idéal d'une descendance affranchie » ?

Il y a comme ça des inclassables, des révolutionnaires qui se sentent en dette avec le révolu, des mondialistes qui honorent leur petit lopin de terre, bref des imprudents qui cumulent les inconvénients, et font tache dans un cadre binaire et bicolore. Ces intempestifs n'ont pas eu de parti ni de maison d'accueil, mais on ne peut s'empêcher de les citer à l'ordre du jour, ces irréguliers, ces enquiquineurs.

La bévue puérile de l'historicisme n'aurait pas pris la force d'un lieu commun sans l'évidence des progrès scientifiques et techniques. Ces derniers bénéficient de l'« effetcliquet » — on ne revient pas à la charrue après le tracteur, au boulier après la calculette, à la décoction après la pénicilline, à la télé en noir et blanc après la couleur — et cette irréversibilité a conforté notre vison linéaire de l'Histoire héritée du temps chrétien comme chemin de salut. Seules des mentalités arriérées ou païennes, genre Maya retardé ou cigare du Pharaon, encore engoncées dans la nature, peuvent rester attachées, collées à une vision cyclique des choses, car c'est dans le cosmos que règne l'éternel retour, que reviennent ponctuellement, à date fixe, les saisons, le soleil, les crues du Nil, les clairs de lune et les marées.

Mais notre marche en avant à nous, les éveillés, laisserait derrière elle, au fur et à mesure, nos « il était une fois », pour l'usage exclusif des poètes, des vieillards et des pleureuses professionnelles. Des « messieurs c'était mieux avant » peuvent bien vouloir freiner notre avancée, des esprits rétrogrades mettre des bâtons dans les roues, mais autant en emportera le vent. Il va de soi qu'on ne revient pas au droit du sang après le droit du sol, à un fanatisme de la race après la République de Weimar, à la religion orthodoxe après le communisme scientifique, pas plus qu'au cheval de fiacre après l'automobile ou au rebouteux après le chirurgien. Cela va de soi quand on prête au temps psychique et politique les propriétés du temps scientifique et technique, confusion toute naturelle dans un *brave new world* d'ingénieurs, techniciens ou industriels, dont l'allant optimiste ne fait pas le détail. C'est ce que Diderot appelait un « idiotisme de métier ».

Les cordonniers sont d'avis que la chaussure est ce qui fait marcher les hommes ; les juristes, que le droit est l'alpha et l'oméga du développement social ; et les linguistes, qu'un sourd-muet n'est pas tout à fait un homme.

À chaque profession ses présomptions et sa myopie. Les scientifiques les plus estimables n'échappent pas à cet impérialisme généreux, quand ils déposent sur le bureau des Assemblées d'excellents plans de réforme pour un monde enfin juste et rationnel, en oubliant que les plus intelligents ne sont pas les plus opératoires. On ne sache pas que l'Académie des sciences ait jamais pu fournir à notre société, qui en aurait pourtant bien besoin, les dirigeants politiques qu'elle mérite. Si les mœurs et la conduite des États pouvaient se déduire de nos machineries ô combien sophistiquées, la barbarie des relations internationales (et autres) ne serait plus parmi nous qu'un souvenir. Force est de constater, par exemple, que la révolution numérique change nos façons de faire la guerre, mais non le besoin d'en faire, par n'importe quel moyen, cyber ou non.

Ce n'est pas à dire que, la roue et le serpent une fois remisés au magasin des mythologies primitives, on ne puisse trouver, fort utilement, des renvois du passé dans le présent, ou d'instructifs échos entre époques différentes. Jean-Noël Jeanneney, avec sa « Concordance des temps », a montré toute la portée didactique et civique de ces mises en parallèle. Au plan social et politique, le Cartel des gauches de 1924 éclaire les apories de la gauche au pouvoir en 1981, comme la peur de la syphilis, la panique du Sida, et la cohabitation sous la monarchie de Juillet, celle entre Mitterrand et Jacques Chirac. Certains poètes du concept, épris d'histoire réelle, ont poussé le bouchon plus loin, comme Walter Benjamin, encore lui, notre lanceur d'alertes numéro un, l'auteur célébré de « l'œuvre d'art à l'époque de sa reproduction mécanisée », l'inspirateur de Malraux, qui lui doit beaucoup, mais plus encore l'auteur méconnu des dix-neuf thèses *Sur le concept d'histoire*, son testament pour ainsi dire, écrit au printemps 1940, et que Hannah Arendt a pu, par miracle, ramener avec elle en Amérique.

Au plus fort de la détresse européenne, celle du pacte germano-soviétique, quand s'effondrent les organisations du mouvement ouvrier, Allemagne, Italie, Espagne, France, et que la guerre s'ajoute au déshonneur, il a voulu s'expliquer « l'étrange défaite », en matérialiste instruit de Marx et fidèle à la tradition des opprimés. Et que trouve-t-on dans cette bouteille à la mer ? Des propos aussi dérangeants que les manuscrits alchimiques de Newton ou les lettres du petit père Combes à son amie de cœur, une dévote du Carmel. On y lit que le matérialisme historique, pour continuer d'affronter victorieusement ses adversaires, doit « s'assurer les services de la théologie ». Que les sociaux-démocrates, ces grands ennemis de la nostalgie et de ce qu'ils appellent le passéisme, doivent s'enlever de la tête l'idée rassurante d'un temps mécanique et prédestiné, qui leur est d'avance acquis, où le progrès joue gagnant à tous les coups, quand seuls, je cite, « d'anciens éclats de temps messianique » peuvent remettre du futur dans notre présent. Benjamin nous somme de quitter « le bordel de l'historicisme avec sa putain préférée, nommée il était une fois ». Car le passé n'est jamais clos ni achevé. Il est inachevable, ne cesse de naître et de renaître. C'est un passé-avenir, un pistolet à plusieurs coups.

Pour ce désespéré lucide il « existe un rendez-vous tacite entre les générations passées et la nôtre », et il engageait ses contemporains à saisir la constellation que notre propre époque forme avec telle époque antérieure. Quand on fait sien ce vœu quelque peu astrologique, on ne craint plus de percevoir, par exemple, comme un air de famille, une correspondance entre deux fins de siècle, XXe et XVIIIe, débouchant l'un et l'autre sur une subite déprogrammation des esprits, une brutale déception d'attentes longuement mûries. Vous êtes au cinéma, vous avez payé votre billet, vous avez eu la bande-annonce, et l'on vient vous annoncer que la projection du film n'aura pas lieu. On serait dépité à moins. Ces deux périodes de l'esprit humain éminemment optimistes et doctrinaires ont vu leur lumineuse carrière s'achever plus tôt que prévu, en queue de poisson.

Ce n'est pas anodin de s'endormir dans une bergerie ou un salon philosophique au son d'un concert de Vivaldi et de se réveiller au pied d'un échafaud au son d'une *Marseillaise.* Ce ne l'est pas non plus de se coucher un soir avec *L'Internationale* en musique de fond et de se réveiller au son d'un *Ave Maria*, d'un appel de muezzin ou d'un shofar. Il y a une concordance entre un siècle des Lumières plus raisonneur qu'activiste, épris, avec ses mots en -ité, d'euphories idéales et de plans sur la comète, où la tête fonctionnait à merveille sans que le corps s'en mêle, où l'on parlait d'opinions et non de convictions, étranger aux orages comme à la mélancolie, avec plus d'esprit que d'âme, et un XXe siècle recru d'idéologies et de sciences présumées, avec ses mots en -isme et sa « classe délirante » cherchant le salut de l'humanité dans de vastes systèmes totalisants. Ils se sont recoupés dans la volonté, comme disait Mirabeau, de « recommencer l'histoire humaine » à partir de principes « applicables à tous les peuples et destinés à renouveler la face entière des affaires humaines » (Tocqueville). « L'histoire n'est pas notre code », lançait orgueilleusement un homme de 89, Rabaud Saint-

Étienne. Le XXe siècle rêva, lui aussi, de remettre le compteur à zéro, hier, par la révolution politique et aujourd'hui par la révolution technique. Résultat : on a l'ordinateur, c'est vrai, qui a changé nos façons de faire, mais la charia avec. *God and chips*, Allah et les microprocesseurs : ce chair et poisson n'était pas au programme.

Nous sommes tous témoins d'une nouvelle « vague de religiosité » d'ampleur mondiale (islamisme, hindouisme, bouddhisme, orthodoxie russe, serbe et grecque, sectes évangéliques en Amérique latine, etc.), où il faudrait d'ailleurs inclure les remontées de l'irrationalisme sectaire en Europe. Un tel renversement de tendance n'est pas en lui-même sans précédent. E. R. Dodds, l'historien irlandais de l'hellénisme, voit dans la dernière étape de la culture antique un retour massif de l'irrationnel (à partir de – 200) succédant à un millénaire à dominante rationaliste (de – 1300 à – 200), mais rejoignant la phase initiale la plus religieuse (– 3000 à – 1300). De même, après le *trend* rationaliste allant du XVIIe au début du XIXe siècle, on discerne une nouvelle phase d'« obscurcissement des Lumières » à partir de 1800.

Ce mouvement pendulaire témoignerait ainsi d'une alternance, d'un « vaste balancement de tendances » (Renan), entre une mentalité nocturne et diurne, dionysiaque et apollinienne. Est-il possible, au-delà de ce va-et-vient marémoteur, de cette alternance itérative et saisonnière, d'imaginer une logique circonstanciée de ces « retours » ou résurgences (résurgence s'appelle la réapparition en surface d'eaux d'infiltration ou de rivières souterraines) ? La science historique (surtout depuis Lucien Febvre) dénonce les anachronismes par lesquels nous projetons nos sentiments et nos idées sur le passé. Mais comment expliquer que notre présent lui-même soit criblé d'anachronismes aussi navrants ?

Une hypothèse en réponse pourrait être la suivante. Contrairement au face-à-face, à l'irrémédiable blanc et noir qui fait notre ordinaire, sacré *versus* profane, rationnel *versus* irrationnel, mondial *versus* local, ne faudrait-il pas s'habituer à voir dans ce système d'opposés un jeu de vases communicants aux valeurs variables, mais corrélatives ? Soit un rapport constant entre les facteurs dits de progrès et les facteurs dits de régression… Le déséquilibre suscité dans le corps social par un bond en avant technologique susciterait un rééquilibrage de sens contraire par une réactivation de ces mêmes traits ancestraux plus ou moins blessés. La revendication multiculturelle accompagne comme son ombre l'appauvrissement monotechnique. Ce principe de constance ferait voir nos grands frères ennemis comme des partenaires s'épaulant l'un l'autre, sans exclure que la rétroaction puisse monter aux extrêmes quand le choc modernisateur est trop brutal.

Si la raison économique était toute seule au poste de pilotage, la World Company ou les États-Unis de la Terre seraient en voie d'achèvement et il n'y aurait alors place, en fait de poches de résistance (pour les technophobes) ou d'épines dans le pied (pour les technophiles), que quelques réserves d'Indiens subventionnés, des Paris-plage, des fermes témoins, des étables sous les planches en verre des restaurants chics, et, çà et là dans le *global shopping center*, de beaux et coûteux écomusées. On aurait vu dans ce cas l'avènement d'une « méga-ethnie planétaire » annoncée par quelques futuristes.

Tant s'en faut que « l'ouragan de l'indistinction » ait tout emporté sur son passage. Le monde techniquement standardisé ne s'est pas spirituellement unifié, les objets uniques n'ont pas produit le sujet unique. À la mondialisation techno-économique de l'environnement est venue répondre une balkanisation politico-culturelle. À la fluidité accrue du flux de marchandises et d'informations, une névrose territoriale obsessionnelle. À la fièvre migratoire des uns, la fièvre obsidionale des autres. On peut voir dans ces réactions rétractiles, ces soubresauts intégristes de simples « compensations secondaires ». On dira alors, pour se rassurer, que les aires culturelles (bouddhistes, musulmanes, catholiques, etc.) correspondent à différents stades du développement économique, appelés tôt ou tard à rattraper leur retard sur l'avant-garde occidentale.

Il n'y a pas apparence. Dans notre village global, l'habit d'Arlequin ne s'est pas décoloré en passant au pressing et les United Colors of Benetton ne ressemblent pas à l'idylle annoncée. Non seulement notre ère numérique doit s'accommoder d'usagers dotés d'un appareil physiologique qui a cinquante mille ans, celui du primate supérieur des savanes sèches, de l'omnivore opportuniste. Non seulement le guetteur de mammouths et le tueur de rennes ne dorment que d'un œil sous le cyberpunk, mais plus on lui tape sur la tête, plus il se remuscle. Traduction : chaque déracinement libère un contre-enracinement. Dans le monde arabo-musulman, la plupart des cadres islamistes sortent des facultés de sciences et des instituts de technologie ; et c'est encore dans la Silicon Valley, aux États-Unis, que les délires occultistes et spiritistes du *New Age* se portent le mieux.

Le millénarisme high-tech est aussi vieux que l'histoire, et cette machine formelle qu'est l'écriture alphabétique suscita à son apparition autant d'espoirs et d'angoisses (voir ce qu'en dit Platon) que l'imprimerie, qui fit voir l'avenir en rose à beaucoup d'humanistes de la Renaissance, alors qu'elle mériterait amplement une légende noire. Sans elle, les guerres de religion ne se seraient pas propagées aussi vite puisqu'elle a permis à n'importe quel hurluberlu sachant lire et écrire d'interpréter les Écritures à sa façon, et de colporter sa dissidence. D'où un foisonnement sans précédent de sectes et d'hérésies prêtes à en venir aux mains. Gutenberg a autant fait pour l'humanisme que pour la Saint-Barthélemy.

Condorcet verra plus tard dans l'invention de l'imprimerie la « huitième époque » de l'humanité, apportant avec elle l'individu raisonnable et transparent. La République, récompense morale offerte aux bons élèves, s'étendra, pensait-il, à l'ensemble de la planète, où la France exportera dictionnaires, livres et feuilles ; et ainsi « l'imprimé forcera toutes les portes par lesquelles la vérité cherche à s'introduire ». Condorcet appelait « Atlantide » ce nouveau Continent à venir constitué d'hommes typographiques se consacrant à la délibération imprimée. Les prévisionnistes d'aujourd'hui, surtout au bord du Pacifique, n'en attendaient pas moins de la cyberculture. La « génération Internet » et les autoroutes de l'information apporteront demain la liberté, disent-ils, dans les plus obscurs recoins d'une planète câblée.

Les croyants de la « techno-démocratie », deux siècles après ceux de la « typo-république », ne parlent plus français ni latin, mais *globish.* Le vent d'Amérique donne à la puce de silicium des allures de millenium, quand les technophobes du Vieux Monde lui donnent parfois des couleurs d'Apocalypse. Les « intégrés », pour reprendre les mots d'Umberto Eco, l'emportent donc, en prestige et en nombre, sur les « apocalyptiques », dont certains assimilent informatique et radioactivité. Il est vrai que de bons médecins, vers 1840, prévenaient les usagers du chemin de fer que le corps humain ne pouvait résister à des vitesses supérieures à 40 kilomètres heure sans risques mortels. Hugo, à l'inverse, était d'avis, à la même époque, qu'avec le chemin de fer unissant Paris à Berlin, les guerres franco-prussiennes n'auraient plus lieu d'être : il y en eut trois après cette prophétie, et le chemin de fer a même permis, en 1914, l'avènement de la guerre de masse.

Tout tombe et s'abîme, dit l'un, pour qui la technique, c'est le Malin ; tout monte et converge, dit l'autre, pour qui la technique, c'est le Salut. Un bilan plus prosaïque, ou moins religieux, suggère plutôt une position esthétiquement et socialement ingrate, le juste milieu. À la droite de l'ébriété optimiste (allons, ce sera moins renversant que vous ne dites, ne criez pas victoire), mais à la gauche du dénigrement pessimiste (allons, ce n'est pas si grave, ne hurlez pas à la fin du monde). Si la boutade est permise, le sobriquet d'archéo-moderniste, oxymore adapté à notre temps on ne peut plus déconcertant, conviendrait assez bien à un observateur sans œillères.

C'est le trait d'union qui fait problème. Il mélange l'huile et l'eau. Comment s'en expliquer ? Par un phénomène qu'on peut baptiser l'*effet-jogging*. Au milieu du siècle dernier, un prospectiviste avait pronostiqué que l'usage immodéré de l'automobile par les citadins provoquerait bientôt l'atrophie de leurs membres inférieurs, le bipède assis dans sa petite boîte métallique évoluant inévitablement vers l'homme-tronc. Qu'a-t-on vu depuis ? Ceci : depuis que les citadins ne marchent plus, ils courent.

Fanatiquement. Dans les parcs, ou chez eux, sur tapis roulant.

Quelques indices de modernisation archaïsante, du plus anodin au plus drastique.

Le HLM, le McDo et la boîte à chaussures des banlieues ont décuplé l'appétence patrimoniale. En Occident : l'accablement commémoratif, avec nos centenaires, cinquantenaires et autres jubilés, l'érection de coûteuses (et techniquement absurdes) bibliothèques en totems identitaires, la prolifération des « lieux de mémoire », la vogue des généalogistes et des biographies (de grands hommes), le surinvestissement des musées, restaurations et sauvegardes, les relevailles des langues régionales, la mode poutres apparentes et four à pains, etc. Partout, le néo-rétro. Les beaux-arts voient renaître la céramique et la poterie, les Arts premiers font salle comble, le concerto baroque déclasse le symphonique, sans parler du chant grégorien retrouvé.

Le corps ? Virtualisé en clones, augmenté d'implants et prothèses, « posthumain », mais en quête d'émotions toujours plus primitives. L'homme prothétique a autant besoin de verdure et d'îles désertes, de chants d'oiseaux et d'écureuils dans les squares, que d'arbres généalogiques et de photos sépia. Nos agglomérations désancrées doivent se refabriquer artificiellement du bio, des paysages, des traditions, et jusqu'à des sensations primitives — Gaïa mixée numérique sur CD, avec marée, tonnerre et cris de mouettes. De même qu'il faut aux postmodernes trop bien appareillés du viscéral et du tribal, du pulsionnel et de l'extatique, dans ses rythmes musicaux et ses chorégraphies sauvages (le chaman tambourinaire resurgissant dans le batteur de heavy metal), il faut à l'intégration économique un minimum de singularité ethnique.

Mais ce rééquilibrage se fait rarement en douceur, et la démultiplication de nos cadres d'appartenance (basque, espagnol, européen, occidental, humain) n'est sans doute pas le sage emboîtement de poupées russes recommandé, annoncé, par nos joueurs de flûte confédérale, pourtant si avenants. Partagé entre la perspective de se couper du monde s'il s'enferme dans son *ethnocosme* et celle de s'y noyer s'il épouse le *technocosme*, déchiré entre son milieu intérieur (sa bulle, ses plis, ses us) et le milieu extérieur (le capital machinique mondialisé), chaque univers social semble bénéficier d'une sorte de thermostat, pour rééquilibrer une déstabilisation machinique par une restabilisation culturelle d'intensité analogue.

De notre planète-ville en formation, on aurait pu attendre une conurbation des plus aimables, gentiment multicolore et œcuménique. Un aplanissement des reliefs et des aspérités interethniques. Un habitant de la planète sur dix, en 1900, était citadin ; un sur deux aujourd'hui. Le monde arabo-musulman a vu le nombre de ses citadins multiplié par cinquante en un siècle — et le djihadisme, ses militants dans la même proportion. Ressac urbain et non campagnard, propre aux bidonvilles et aux banlieues plutôt qu'aux centres historiques traditionnels, l'intégrisme touche en priorité les ruraux urbanisés (les cadres intégristes proviennent des facultés des sciences et de technologie, non des facultés de lettres) et le fondamentalisme prend les traits d'un retour à la terre des déterritorialisés. Qu'il s'agisse des loubavitchs, des charismatiques ou des « barbus », la montée des dissidences messianiques accompagne comme son ombre portée l'américanisation des modes de vie. Le Coca-Cola en terre réfractaire a son effet retour : l'ayatollah.

L'espace ? L'accélération des communications accroît l'usage des transports (plus on téléphone, plus on voyage). Et pourtant, se connectant sur un serveur, ne peut-on chevaucher les continents à domicile ? L'internaute n'aurait plus besoin de partir pour arriver quelque part. D'où résulterait une sorte d'inertie panoptique. Qu'en est-il ? De même que la reproduction électronique de documents a non pas aboli, mais décuplé la consommation de papier, les télécommunications ont contribué à transformer le tourisme en première industrie mondiale.

À l'inverse, plus on a de moyens pour aller loin, plus l'autochtonie se revalorise. L'autoroute repeuple les sentiers de grande randonnée. Il y a certes un façonnage locomoteur de l'espace effectif, car l'étendue, comme le temps, est une catégorie technique, et donc évolutive. Le pas humain a fait le terroir : le cheval, la nation ; l'auto, le continent ; l'avion, la planète Terre ; le lanceur spatial, le cosmos, et donc l'écologie. Mais chaque nouveau véhicule, loin de dévaluer le territoire précédent, le réenchante. La petite échelle dont nos rayons d'action nous dépossèdent, l'affectivité et le mythe s'en emparent pour l'ériger en référence identitaire. La fusée spatiale nous a réappris le terroir. La météo du globe sous les yeux, on se pelotonne dans son nid. Le gigantisme industriel engendre le *small is beautiful*, et l'avion gros-porteur, le « vivre et travailler au pays ».

Le dialecte ? La promotion de l'anglo-américain en *lingua franca* de la planète s'annonçait « linguicide ». Or, Internet aide au réveil des langues périphériques, et le franglais à celui du basque, du corse et du breton. Le *globish* des modes d'emploi, enseignes et revues scientifiques ravive en contre-valeur la sève orphique des créoles et la combativité des patois. En Europe particulièrement, avec ces soixante langues parlées et imbriquées, là où on s'attendait à voir ces idiomes territoriaux transformés en langues mortes, noblement confinés au registre littéraire, ou clochardisés, la langue d'élection redevient celle des ancêtres, ou supposée telle — du moins est-ce celle qui s'affiche (à défaut de se pratiquer). Renaissance, au loin, de l'hébreu oublié et de l'arabe classique. Renaissance, tout près, des langues régionales.

L'effet-jogging a de bons côtés, bien sûr, puisqu'il tourne assez vite en ridicule les sempiternels discours de la fin : fin du corps vécu ; fin de l'espace géographique ; fin des identités ; fin de la lecture (mais c'est le rapport à l'écrit qui change, avec ses supports). Il n'est pas un de ces angoissants pronostics que l'on ne puisse compléter par l'annonce de la renaissance de ce qui est trop vite donné pour mort, sous une forme tantôt édulcorée tantôt outrancière.

✧

On savait déjà, grâce à Valéry, que « la tradition et le progrès sont deux grands ennemis du genre humain ». Restait à découvrir qu'ils font la paire et se donnent amicalement la main. Nos progressistes tournaient le dos à l'avenir en faisant fi des traditions. Ils n'avaient pas prévu que la mondialisation des objets et des signes puisse porter à son envers une tribalisation des sujets et des réflexes. C'est en géopolitique que le boomerang est le plus frappant, avec la remontée des structures d'appartenance les plus « anachroniques ». En Amérique latine, on assiste au retour des indigènes au premier plan, du Mapuche chilien au Quechua bolivien, et parfois aux postes de commande. En Europe, le démembrement de la Yougoslavie, création trop jeune pour être solide, a laissé la place aux plus vieux soubassements du chaudron balkanique.

Les Proche et Moyen-Orient, avec leurs redécoupages étatiques plaqués au XXe siècle sur la carte tracée par les puissances occidentales, voient ressurgir au XXIe la mosaïque de l'Empire ottoman d'avant-hier. Sous la nation, la tribu. Sous la tribu, le clan. Sous le clan, la famille. L'ordre national-étatique, comme une couche de peinture superficielle, s'effrite pour laisser transparaître une marqueterie ethnoreligieuse que l'on croyait révolue. Les neuropsychiatres nous avaient déjà appris que la dissolution des fonctions nerveuses, chez un individu en crise ou sénescent, s'opère en remontant le cours de l'évolution. Les fonctions s'inscrivent et se hiérarchisent par ordre d'apparition, mais les plus récentes sont les plus fragiles. Une nation élective peut redevenir nation ethnique, et la concitoyenneté, consanguinité. Ne voit-on pas dans nombre de pays récemment émancipés des partis ethnoculturels supplanter les formations laïques qui avaient présidé à leur émancipation (Israël, Inde, Turquie) ?

Le néocortex préfrontal est plus vulnérable que le cerveau dit reptilien, et c'est le premier qui se déstructure en cas de commotion. La crise ne crée pas, elle libère. Quoi ? Un rhinencéphale sous-jacent aux connexions neuronales plus élaborées. Quand il y a divorce entre l'appartenance de classe et l'appartenance nationale, il est rare que la première, moins ancienne que la seconde, ne lui soit pas spontanément sacrifiée : aucun prolétariat européen, en

1914, n'a hésité entre la grève générale et l'union sacrée. Ainsi de la mémoire, où les premiers souvenirs à disparaître sont ceux qui ont été le plus récemment fixés (on perd d'abord la mémoire de ce qu'on a fait hier, mais on garde une sensation d'enfance). Les personnalités collectives aussi sont le fruit d'une superposition sédimentaire de strates, tout comme les individuelles, et la plus résistante est celle d'en bas.

D'où ce paradoxe : le principe généalogique succède au principe civique qui lui avait succédé lui-même. Ce qui est arrivé en dernier lieu à un peuple, c'est ce qui s'en va en premier, le démantèlement de la maison commence par le toit. Oui, il faut avoir une vision dynamique du temps historique, mais cette dynamique, pardon Darwin, peut être une involution qui fait remonter en cas d'accident grave (climatique, épidémique ou économique) du plus complexe vers le plus simple, du militant convaincu ou du citoyen vertueux vers le mammifère à sang chaud, de l'*homo politicus* à l'homme zoologique, dont les hurleurs des fan-zones de l'Euro, tatoués, scarifiés et emplumés aux couleurs de la tribu, constituent un échelon précurseur digne d'intérêt, où s'indique le passage de la morale universelle aux réflexes animaux du territoire.

Le critère ethnoconfessionnel est en maints endroits bien plus ancien que le critère national-étatique, et les redécoupages territoriaux en cours vont inexorablement se recaler sur lui. Les démagos de gauche et de droite qui parlent de pousser les feux de la modernité auraient intérêt à faire un peu d'étymologie. *Archè*, en grec, c'est à la fois l'archive et l'archonte, disons : le vieux chnoque et le patron. Cette coïncidence n'a rien de réconfortant, mais doit inciter plus que jamais à mettre sous observation ce que nous avons en nous de paléolithique.

Les rétropédalages qui n'ont guère récompensé notre fiévreux désir de lendemains inédits n'auraient nullement déconcerté Walter Benjamin qui avait une affection particulière pour une aquarelle d'un autre inclassable, mort comme lui en 1940, Paul Klee, l'*Angelus novus.* C'était son icône. Écoutons-le la décrire, cette œuvre énigmatique, qui pourrait servir d'emblème à une gauche tragique :

> *Angelus novus* représente un ange qui semble sur le point de s'éloigner de quelque chose qu'il fixe du regard. Ses yeux sont écarquillés, sa bouche ouverte, ses ailes déployées. C'est à cela que doit ressembler l'Ange de l'Histoire. Son visage est tourné vers le passé. Là où nous apparaît une chaîne d'événements, il ne voit, lui, qu'une seule et unique catastrophe, qui sans cesse amoncelle ruines sur ruines et les précipite à ses pieds. Il voudrait bien s'attarder, réveiller les morts et rassembler ce qui a été démembré. Mais du paradis souffle une tempête qui s'est prise dans ses ailes, si violemment que l'ange ne peut plus les refermer. Cette tempête le pousse irrésistiblement vers l'avenir auquel il tourne le dos, tandis que le monceau de ruines devant lui s'élève jusqu'au ciel. Cette tempête est ce que nous appelons le progrès.

L'ange regarde en arrière pour marcher vers l'avant, et le mépris des antiquités dont témoignent nos modernisateurs à tous crins ne nous annonce rien que ruines et poussées barbares. Cette menace de décivilisation qu'actualisent et accélèrent nos civilisateurs armés qui s'en vont détruire ici et là, à coups de missile et de GIs, de jeunes et fragiles États, nous met au défi de tenir bon dans la tempête, ferme sur nos deux pieds, lucidité et laïcité. Notre modernité à la papa ayant rétrogradé dans le postmoderne, l'ordre du jour a changé, en effet. Il ne consiste plus à changer le monde du tout au tout, mais à l'empêcher de se décomposer complètement.

Benjamin fait partie de ces lanceurs d'alerte dont Eluard disait que « si l'écho de leur voix faiblit, nous périrons ». Il nous avait avertis que « de tout ce qui jamais advint rien ne doit être considéré comme perdu pour l'histoire ». Sa corne de brume, je veux dire son SOS, devrait nous aider à réapprendre le béaba, à remonter à la source du sens des mots — *archè*, ce qui commence et ce qui commande, l'un parce que l'autre. À comprendre que le terme d'archaïsme, le plus incompris de notre vocabulaire, ne désigne pas une chose *en allée*, mais une chose *en attente*. Non le dépassé, mais le refoulé ; non l'endormi, mais le guetteur ; non l'éjecté, mais l'éjecteur. Ce qui se tient en dessous n'est pas ce qui est derrière, ou plutôt c'est parce que c'est derrière que ça peut resurgir par-devant. Archétype, donc prototype.

Il n'est pas sûr du tout que ce soit là une bonne nouvelle.

II

LE FAIT RELIGIEUX

Les religions mobilisent les centres d'études et les préfets de police. C'est heureux. Et tout le monde de donner son avis. À bon droit, parce qu'il y a de la casse. Mais les mots dont nous nous servons pour ouvrir cette boîte noire explosive sont parfois si grossiers que nous arpentons ce terrain miné avec de trop gros sabots.

On a beau savoir, comme dit Flaubert, que « la parole humaine est comme un chaudron fêlé où nous battons des mélodies à faire danser les ours », il est indispensable de refaire le point sur l'outillage. Mal nommer les choses, on l'a dit, c'est ajouter au malheur des hommes, et les à-peu-près, dans ce domaine, se payent au prix du sang. Vouloir préciser les termes les plus usuels, en hommage au principe de précaution, c'est aider tout un chacun à garder la mesure.

7

Que faut-il entendre par croyance ?

La République, par bonheur, respecte toutes les croyances, mais la croyance elle-même, tenue pour une faiblesse, n'est guère prise au sérieux par nos savants. Comme si nous n'étions pas tous en dette avec cette faculté capitale, sans laquelle nous n'aurions ni avenir ni société ni entreprise. Savoir et croyance ne se font pas concurrence : rendons à chacun son dû.

On aurait tort de l'oublier : le monde où l'on vit n'est pas le monde où l'on pense. Pour les têtes pensantes, il est mal vu de croire, et fortement conseillé de savoir. Le philosophe depuis Platon met la croyance sur la sellette. C'est à ses yeux une maladie de l'esprit, le mauvais objet, le degré zéro de l'intelligence. Certes, j'ai cru avant de raisonner, c'est le sort de l'humanité, on n'y peut rien, mais la crédulité, c'est ce dont l'adulte instruit, s'extrayant de l'enfance, doit à tout prix se défaire, grâce à la science, belle machine à décroître, et à nos facultés critiques, qui nous arrachent aux contes de nourrice.

Dans le monde où l'on vit au jour le jour, en revanche, le vôtre, le mien, chaque geste, chaque parole suppose un petit acte de foi. Quand je dépose un chèque à la banque, ou pire un bulletin dans l'urne, quand je me rends à un rendez-vous qui m'a été donné d'un mot la veille, quand je tiens pour réel ce que je lis dans le journal, ou quand je m'adresse à mon fils comme étant véritablement mon fils, je fais confiance. Spontanément et sans y penser. Je tiens, sur sa bonne mine, tel candidat pour crédible, et j'escompte bien que le billet en papier que j'ai en poche puisse s'échanger contre un vrai paquet de cigarettes, « la banque est la gardienne de la foi publique », disaient les statuts de la Banque de France (l'assignat, sous la Révolution, s'appelait un *billet de confiance*). Mais si quelqu'un me traite de gogo irresponsable pour donner ainsi ma créance à gauche et à droite, sur de vagues espoirs, gageures, conjectures, présomptions, bref, rien de tangible, rien de vérifié, je me rebiffe aussitôt. Je proteste. Mon amour-propre est blessé. Je m'aime en savant, vrai ou faux, en critique, en réfractaire, en suspicieux, en goguenard, mais en croyant, surtout pas. Synonymes : jobard, benêt, bigot, mystifié, manipulé, intoxiqué, enfin, tout ce qu'il ne faut pas.

Preuve en est que nous ne parlons bien que des croyances que nous n'avons plus. Quand une croyance vit de sa belle vie, disait Nietzsche, les croyants ne savent pas qu'ils croient, ils font ce qui se fait, point final. Il n'y a que les curés qui mettent le verbe croire à l'indicatif ; un esprit libre, un esprit avisé, osons le mot, un intellectuel qui se respecte ne le conjugue qu'au passé ou à l'imparfait. J'ai cru dans la grande lueur à l'Est ; dans le Programme commun ; dans François Hollande. Mais maintenant, « je sais à quoi m'en tenir » (et non « je crois savoir »). Nous ne sommes lucides qu'envers nos aveuglements passés.

Quand ils sont au présent, on les appelle « libres opinions » ou « points de vue » et ils se publient sous forme d'éditorial dans un grand journal du soir ou du matin. Et puis, ce sont toujours les autres qui croient, les péquenots, les simplets, y en a qui disent, y en a qui croient..., mais moi, je vais vous dire. Les primitifs et les étrangers ont des croyances, c'est normal, ils ont des mœurs bizarres ; nous, les modernes, nous voyons les réalités telles qu'elles sont, et avons un mode de vie qui va de soi. Nous voulons bien avoir des sociologues sur le dos, mais des ethnologues, ce serait vexant. Le savoir qui s'en tient aux faits, sans valeur ajoutée, c'est chez nous. Le n'importe quoi, sans rappel des faits, c'est chez eux. Je schématise, mais tel est bien la distribution des rôles. C'est ainsi : ce qui compte le plus dans notre vie de bâton de chaise, c'est à quoi le penseur professionnel pense le moins.

✧

Tout agnostique que je sois, ne croyant ni à Dieu ni à diable, autant vous le dire d'emblée : je suis loin de partager ce vieux complexe de supériorité, et encore moins le programme du petit rationalisme IIIe République (il en existe heureusement un grand) : extirper la croyance, et partout où un mythe a poussé, mauvaise herbe, planter une connaissance à la place.

Avant de me faire l'avocat d'une cause suspecte, je commencerai par une observation : les redresseurs d'illusions, les détecteurs de mensonges, les démystificateurs salariés, sont en général assez myopes et désinvoltes. Ils regardent nos errements du haut d'un belvédère, dans un smog rhétorique où toutes les vaches de la vallée sont grises alors qu'il y en a de toutes les couleurs. On a besoin d'un nuancier pour aborder en géographe le continent croyance et ne pas s'y perdre. Un petit esprit de finesse. Une échelle avec beaucoup de barreaux, pour aller de la foi en haut à la simple supposition tout en bas. Une oreille un peu exercée, afin de ne pas confondre un je crois *que* — qu'il va pleuvoir demain —, croyance empirique, avec un je crois *à* — la théorie du big-bang —, croyance intellectuelle, et encore plus haut sur l'échelle, un je crois *en*, croyance morale — je crois en toi, en vous, en Jésus-Christ. Il faut distinguer, au bas de la lettre qu'on reçoit, un « Veuillez croire *à* (mes sentiments respectueux) » — prudence, formule de politesse. Veuillez croire *en*, c'est mieux, on peut y croire.

Nombreux sont les régimes de croyance, ce qui nous invite à nettoyer notre vocabulaire, et à bien distinguer entre une simple conjecture, une vraie certitude, et une profonde conviction dont je ne démordrai pas ; entre une simple opinion qui ne m'engage à rien — je peux en changer demain et je dirai alors que je me remets à jour — et une profession de foi, qui engage une existence — et si j'en change, c'est un drame : je serai traité de renégat, défroqué, retourneur de veste.

On est devenu là-dessus un peu simplistes et balourds, nous, les rejetons des Lumières à qui on ne la fait plus. Le Moyen Âge supposé obscurantiste, lui, affrontait avec délicatesse un domaine plein de chausse-trapes. Le latin médiéval distinguait entre *credere Deo*, croire en ce que Dieu nous dit, *credere Deum*, croire que Dieu est Dieu et *credere in Deum*, se donner à Lui, s'incorporer à son corps mystique, l'Église. Laquelle échelonnait, dans les énoncés de foi, plusieurs degrés de vérité (car le Moyen Âge a beaucoup prouvé, autant et plus qu'il n'a cru), selon qu'elle était révélée (par les Écritures ou par le Coran), autorisée (par les Pères et les conciles ou par les hadiths), authentifiée (garantie pas le statut de l'énonciateur, clerc ou imam), ou simplement alléguée (par un on-dit, sans garantie connue). Ces dégradés donnent du jeu à nos obligations, et cet arc-en-ciel, du piment à la vie.

Je m'en voudrais de pinailler, mais enfin, tous les assentiments donnés à de l'invérifiable ne se valent pas. L'*opinion* me fait penser qu'une assertion est vraie tout en admettant qu'on puisse en douter. Une banale *hypothèse* ne reconnaît pas le caractère intellectuel et logique d'une vérité. La *certitude*, où je tiens un jugement pour vrai, sans aucun mélange de doute, n'est pas la *conviction*, certitude raisonnée, ferme et suffisante pour l'action, mais qui ne prétend pas à une complète rigueur. Le vraisemblable, c'est moins que le probable et plus que le plausible. Bref, un vrai arc-en-ciel.

Au terme d'une enquête sur la valeur logique du *mot*, Ludwig Wittgenstein voyait dans la croyance « un état psychique individuel », « insaisissable et résistant à la définition ». D'un point de vue purement logique, on peut dire qu'il est vide de sens (*sinnlos*), sauf que ce purisme logicien évacue le vécu et en particulier la vie en société. Mais si le sens des mots (comme le reconnaît Wittgenstein lui-même dans son *Cahier bleu*) nous est donné par leur utilisation, la croyance foisonne de sens, tant cette notion introuvable a toute une constellation d'usages et d'effets. Elle est plus que féconde : vitale, à tous les sens du mot.

Quand Descartes, dans sa deuxième *Règle pour la direction de l'esprit*, dit rejeter « toutes les connaissances qui ne sont que probables » et « décider de ne donner son assentiment qu'à celles qui sont parfaitement connues et dont on ne peut douter », il sépare totalement l'esprit du corps, ce corps qui n'avance qu'à tâtons et dans le clair-obscur, de conjecture en conjecture, naviguant entre le plausible, l'éventuel et le vraisemblable. Descartes nous rendrait la vie pratiquement impossible.

Il est certain, cela dit, que la croyance manque un peu de légitimité, surtout quand on a le culte de la volonté et du libre arbitre. Car nos croyances nous collent, à tous les sens du mot. Nous ne les avons pas vraiment choisies, pour la plupart, c'est notre milieu qui nous les flanque ou notre hérédité, ce qui est vexant pour l'ego. « Les sots ont ceci de commun avec les éponges qu'ils adhèrent » (Valéry) et le spongieux n'est pas glorieux. Aussi un esprit moyennement intelligent, histoire de sauver la face, s'efforcera-t-il d'augmenter, dans ses préjugés et partis pris, la part de l'adhésion volontaire, pour diminuer d'autant la part de l'adhérence irréfléchie.

Il faut un Montaigne pour admettre sans rougir qu'« on est chrétien comme on est périgourdin ». Et que le plus clair de ce que pense un poisson lui vient de son bocal. D'où le prestige des conversions : ma croyance, je l'ai choisie — ou au pire, elle m'a choisi —, telle heure, telle date. C'est plus valorisant. Et l'on sait qu'un homme moderne, un postmoderne encore plus, doit pouvoir librement choisir tout ce qui fait son identité — son milieu, son genre, son habitat, sa famille. « La langue est fasciste », disait Roland Barthes. Évidemment, puisqu'elle m'est imposée, je la reçois en héritage, je n'ai pas choisi de parler français. C'est une sorte d'oppression, disait-on à l'époque et dans le milieu de M. Barthes.

✧

À vrai dire, cette croyance de mauvais aloi aux yeux de nos intransigeants, nous devrions tous lui signer une reconnaissance de dette. Pour trois raisons essentielles. Si nous n'avions pas, non la faiblesse, mais la *force de croire*, nous n'aurions pas d'avenir devant nous, ni de société où vivre, ni nulle envie d'agir. L'incroyance absolue est un luxe de légume, on aurait tort d'en abuser, sauf à vouloir sécher sur pied.

Primo, une croyance fait respirer le temps, desserre l'étau du présent. *Credo* vient d'une racine indo-européenne *kred*, désignant le fait de donner une chose à quelqu'un avec la certitude de la récupérer plus tard, faire une offrande à un dieu qui nous le revaudra un jour. Je fais crédit, je prends une créance sur l'avenir, je passe un contrat avec le futur. *Do ut des* : je donne pour que tu me donnes. Le donateur d'aujourd'hui sera bénéficiaire demain. De celui en qui ou de cela en quoi je crois, j'attends une rétribution en différé, j'en fais sans le dire mon débiteur, sûr qu'il s'acquittera un jour de sa dette.

Un croyant est ainsi un homme en attente. Il se donne de l'air en mettant ses verbes au futur, comme Clemenceau le reprochait à Jaurès, croyant et fier de l'être. Ce n'est certes pas la même chose d'attendre le Messie et sa pension de retraite, et l'on ne confondra pas une prophétie avec le dernier bulletin météo, la ferveur que peut susciter l'une et la curiosité plus ou moins intéressée suscitée par l'autre. Le prédicateur croit assez dans ses pronostics pour monter à cheval et partir à la conquête du monde, le prévisionniste pas assez pour sortir de son bureau, mais enfin les deux aèrent la cellule, rendent le recoin respirable, on devrait leur en savoir gré.

Secundo. Un croyant n'est jamais seul, et sans doute croit-on pour ne plus être seul. J'y crois pour en être, parce que mon voisin y croit aussi. Ce n'est pas toujours facile, mais c'est un plus, malgré tout. Car c'est épouser une communauté et entrer dans l'orchestre. Qui est doué pour la croyance est doué pour l'amour, voyez Louis Aragon, Paul Eluard ou Guillaume Apollinaire. Il est doué pour le relationnel, l'effusion, le coude à coude. On peut imaginer ce dialogue :

> — C'est idiot, ce que vous croyez, d'ailleurs ce que l'on croit n'est jamais vrai, Valéry l'a fort bien dit.
>
> — Je sais bien, mais quand même. J'ai un toit pour m'abriter et des frères et des sœurs pour me tenir chaud. Un parti, une Église, une confrérie, une mouvance. Votre vérité est froide, et ne me rapporte rien, alors que ma croyance m'augmente. Elle rend fier d'être ce que je suis en m'assurant une appartenance, en m'insérant dans un nous beaucoup plus grand et fort que moi.

Religions et idéologies peuvent se qualifier de mythes, oui, mais au service chaque fois d'une société d'entraide et d'admiration mutuelle, communisme, fascisme ou islamisme. En d'autres termes, la logique du collectif ne relève pas de critères cognitifs, les « déradicalisateurs » devraient s'en souvenir. Toutes les administrations pénitentiaires sont au courant : ne jamais laisser ensemble les croyants d'une même cause. Les éparpiller en plusieurs centres de détention. Quand le groupe se démembre, la croyance décline.

Tertio. Croire, c'est se mettre en mouvement. Sortir de la passivité et de la résignation. « Dire que nous croyons en quelque chose, c'est dire que nous ferons quelque chose » (Pierre Janet). Une croyance, fondée ou pas, induit une conduite. Sa raison d'être est à chercher dans l'action à quoi elle dispose et dont elle peut assurer la réussite. Là où naît une croyance, gageons qu'il y a du contagieux en formation, et des coups de main en préparation. Une action réussie ne prouve rien quant au bien-fondé rationnel ou à la valeur morale d'une croyance, le martyr n'est pas une preuve, la cathédrale non plus, mais enfin, si un pays veut gagner la guerre, mieux vaut ne pas mettre un sceptique à la tête des armées. C'est parce que je crois que le ravin n'est pas si grand qu'il en a l'air, ou que je fais crédit à celui qui m'assure qu'il n'est pas si profond que ça, que j'ai tout d'un coup l'audace de sauter par-dessus.

C'est toute la différence entre l'accompagnateur et le précurseur. Le politicien a tout intérêt à n'avoir aucune conviction pour s'en tenir, en réaliste, au calcul des forces en présence, afin de pouvoir rallier le plus offrant à court terme. Un fondateur a tout intérêt à entendre des voix, car s'il s'en tenait aux probabilités ou au rapport de forces immédiat, il baisserait les bras. Croire, c'est s'abstraire de son environnement et prendre du champ, pour s'affranchir de son milieu. « Rassasiez vos âmes de Plutarque, disait Nietzsche, et en croyant à ses héros, vous croirez en vous-mêmes. » Méthode Coué, peut-être, mais qui a fait ses preuves. Disons, plus simplement : l'homme de cœur va peut-être dans le mur, mais au moins il y va. L'homme de tête voit peut-être plus clair, mais il reste en arrière. Chacun son tempérament, chacun ses avantages.

✧

Mais pour savoir ce qu'il en coûte de ne croire finalement en rien, en cabotant et cabotinant tout près des côtes, le cœur sec et sans longue-vue, il suffit de regarder autour de nous. La France qui n'y croit plus, celle d'en haut comme celle d'en bas, c'est un mélange de « chacun pour soi » et de « tout, tout de suite ». On n'attend pas grand-chose, on ne prend pas beaucoup de paris et on ne se serre même plus les coudes. Ça s'effrite de partout. La fraternité est en souffrance, l'avenir aussi. Mais on reste très intelligent, on connaît les chiffres par cœur, et l'on ne se raconte plus d'histoires. Scepticisme de masse, méfiance généralisée, désintox et *fact-checking*. On nous trompe, on nous ment. Résultat : tonus en baisse et grosse déprime.

✧

Elle reviendra, pour sûr, la foi en quelque chose. C'est dans nos gènes de toujours nous référer à des absents, à des possibles, à de l'éventuel. Si nous ne pouvons encore l'expliquer en termes neurophysiologiques, c'est un fait que les faits ne nous suffisent pas. Nécessaire, oui, mais insuffisant. Notre cerveau est ainsi câblé qu'il ne peut s'empêcher d'alléguer des choses derrière les choses et qui ne sont pas des choses, sans pourtant être rien. Cette faculté de coiffer le visible par de l'invisible, il est vraisemblable qu'elle ne se rencontrait pas il y a huit cent mille ans d'ici dans un encéphale d'hominidé (700 centimètres cubes, un million d'années). Notre cerveau a triplé de volume depuis un demi-million d'années.

Faut-il situer l'émergence du symbolique, et donc des

croyances, au moment de l'apparition de la sépulture — preuve d'une référence à un au-delà immatériel ? Après *Homo erectus*, avant *Homo sapiens*, vers cinquante mille ans avant notre ère ? Aux spécialistes des neurosciences et aux paléoanthropologues de dater l'émergence de notre folie douce. Ce qui importe, c'est de comprendre une condition humaine où dans un plein se niche toujours un creux ; un jadis ou un demain dans un aujourd'hui, une espérance ou un souvenir dans un bonheur ; et le jeu de souvenirs et d'attentes dans ce qu'on appelle une culture, soit une somme de « ça me fait penser à ».

Cela modèle notre champ d'expérience le plus immédiat, un ressenti où il y a toujours pour parasiter le présent une anticipation et un souvenir. Cette mise en abîme donne son style propre à chaque canton d'humanité, et explique la variété des options et des conduites au sein d'une même confession. Dans le débat de l'homme avec son milieu, ce dernier propose, mais ne commande pas. Le christianisme doloriste et tragique du Castillan n'est pas celui, pragmatique et positif, du Nord-Américain, qui ignore résolument, dans ses lieux de culte, les stations du Chemin de croix et les images de crucifixion. La réalité brute, sans valeur ajoutée, ça n'existe pas, sauf en laboratoire. Nous prêtons une signification secrète jusqu'aux qualités sensibles telles que le chaud et le froid, le salé et le sucré, le cru et le cuit (selon une logique d'association par contrariété). Le monde du sens, en un mot, n'est pas celui de la science.

Tout ancré qu'il soit dans la reproduction sexuée, un système de parenté demeure irréductible à des liens biologiques de filiation et de consanguinité : c'est un système arbitraire de croyances, à base de règles et d'interdits qui n'existent pas dans la nature. Un spermatozoïde et un ovule suffisent à faire un fœtus. Il faut beaucoup plus pour faire un petit d'homme : des prohibitions, des lois, des mythes, bref du fantastique. Même un territoire physique comme celui d'une tribu ou d'une nation, même un territoire de chasse comme celui d'un clan de chasseurs-cueilleurs sont d'emblée investis de grands et petits récits, dotés d'un centre cérémoniel, de sites légendaires et d'azimuts chargés d'affects. La nature a horreur du vide, mais la culture a horreur du plat et du plein.

Notre société polluée, chue d'un désastre obscur, est peu ou prou ressentie par le mammifère perfectionniste comme l'ombre portée d'une autre, la vraie, la bonne qui a déjà eu lieu *in illo tempore*, et s'est lamentablement dégradée depuis. Qu'on remplace ou non un âge d'or par une utopie, nous vivons notre présent comme la pâle copie d'une première édition perdue ou épuisée (la nostalgie n'est plus ce qu'elle était) ou bien la bande-annonce d'un long métrage (sans cesse remis à la semaine prochaine). *L'original manque*, et ce manque nous fait courir. En sorte que notre existence ressemble à une sorte de couturière avant la générale, laquelle, si elle advenait en fait, serait encore roupie de sansonnet en comparaison avec la première, et vous allez voir ce que vous allez voir.

Quand fera-t-il jour, camarades ? L'homme est un être qui s'attend lui-même et finit par arriver en retard. Jamais à sa vraie place, l'expatrié natal, jamais à la bonne heure. Pré-ceci ou post-cela. Et donc peu ou prou en exil ici-bas. Être le seul animal à pouvoir *ensigner* le réel n'a pas que des avantages. Les ravages causés par cette propension à entendre des Voix qui ne sortent d'aucun larynx et à s'exalter de visions qui ne doivent rien au nerf optique font couler beaucoup de sang, mais nous sommes ainsi faits : la vie telle quelle ne nous suffit pas. Il nous faut plus.

✧

Si l'on prend maintenant au sérieux « cette structure fiduciaire qu'exige tout l'édifice de la civilisation », on en vient à douter du sérieux d'un *mea culpa* comme celui-ci : « Notre faiblesse a été de ne pas regarder la vérité. » Les données disponibles nous indiqueraient plutôt le contraire : on ne peut, dans la vie sociale, rien fonder de solide que sur une illusion, voire un pieux mensonge, comme l'idée, un exemple entre mille, nécessaire à la renaissance de notre pays après la Libération, que les collabos n'étaient qu'une poignée de salopards et que le peuple français a appuyé la Résistance tout au long de l'Occupation. L'idée a pris, bien sûr, parce que cela a aidé nos parents et nos grands-parents à reprendre du poil de la bête. Cette très secourable et flagrante inexactitude n'avait pas pour mission de nous induire en erreur, mais de nous redonner confiance, en évitant certains troubles de comportement, autoaccusation, dépression ou psychasthénie.

Je manque peut-être d'informations, mais je ne vois pas quelle nation, quelle civilisation, quelle Église, quel parti a pu s'engendrer d'une vérité objective. Méfions-nous, là-dessus, de ne pas nous méfier trop systématiquement. Il est des mensonges de bonne foi, qui ne sont nullement des leurres ou des stratagèmes, des entreprises conscientes de désinformation dont une bonne technique de décodage ou de contre-propagande (doublée, le cas échéant, d'une bonne paranoïa) pourrait nous débarrasser une fois pour toutes. Si un mythe n'était qu'un mensonge, il n'aurait guère d'emprise sur les esprits, et on s'en débarrasserait vite. Et si le courage moral consistait à endosser l'autosuggestion comme un mal nécessaire ?

Admettons que, l'Histoire ne s'arrêtant jamais, le fameux combat de la veille et du lendemain, de la nuit et du jour, des vaines croyances du passé et des doctes réalismes de demain n'aura pas l'heureuse issue qu'on eût été en droit d'attendre des progrès de l'instruction publique. Bref, cessons de croire ou d'espérer en « la mort des idéologies », ce furet qui court et que personne n'attrape. Certes, nos déraisons changent de couleur et d'allure. La guérison des écrouelles par le roi de France, le jour de son sacre, nous semble incroyable, mais que la politique de l'offre va nous ramener demain la croissance, cela nous semble très raisonnable.

On m'opposera donc que, si l'incroyance peut rester l'apanage d'individus isolés, les sociétés sont vouées à la superstition, mais qu'il y a du progrès de ce côté-là. Les croyances politiques d'aujourd'hui ne seraient pas de même nature, nous dit-on, que les croyances religieuses d'hier, car celles-ci supposaient l'autorité du passé, parce que le Prophète, le Sauveur ou le Messie sont derrière nous, tandis que les croyances politiques transfèrent l'autorité au futur, où nous attendent bonheur, liberté et justice. En réalité, le point oméga est toujours un alpha régénéré, et l'attente anxieuse des *novissima tempora*, entretenue hier par les cultes séculiers de Staline, de Mao et de leurs émules, cachait en fait un laborieux retour à des neiges d'antan, pour l'accomplissement d'une ancienne promesse restée en pointillé.

L'espérance qui mobilise et galvanise, c'est toujours un passé à faire revenir — second retour du Christ, islam de

Médine, communisme primitif. Le Soviétique entendait réactualiser le *mir* de l'ancienne Russie, la commune paysanne russe, et les États-Unis d'aujourd'hui, l'Israël du Nouveau Monde, « la cité sur la colline » (Matthieu, 5, 14). Comme les mormons de l'Utah, les Saints du dernier jour veulent retrouver le premier. Et dans quelle colonne classer, au Brésil, l'Église universelle du Royaume de Dieu, mouvement à la fois politique et religieux, l'un parce que l'autre ? On peut d'ailleurs observer que lorsque les idéologies politiques n'ont plus rien de religieux, les croyances religieuses redeviennent politiques, en venant combler le vide d'espérance. L'attente des hommes a deux cordes à son arc, et quand la séculière se casse, la religieuse se met à vibrer.

On pensera ici aussitôt à l'islam radical, à cheval sur le profane et le sacré, comme l'était naguère, chez nous, la chrétienté radicale, qui occupait à la fois la cathédrale et le palais, la chaire et le trône. Sans vouloir entrer dans une analyse circonstanciée du terrorisme d'inspiration islamique (il y en eut d'autres jadis, d'inspiration chrétienne, juive, hindouiste et même bouddhiste, en ce moment même), je me contenterai, sur ce point, de ne pas faire confiance au *Mahomet* de Voltaire (1741), une pièce qui nous a légué un nom propre devenu commun, *séide*.

Cette tragédie en vers — qui mérite la reprise, bien évidemment, même si elle est assez ennuyeuse — nous montre le Prophète juste avant son entrée à La Mecque. C'est un Tartuffe en armes. Un pantin tireur de ficelles. Le fourbe fait croire ses congénères en une Révélation dont il rit sous cape, manipule et gruge froidement ses lieutenants, avec un seul but : mettre la main sur les trésors de la

Ville sainte. C'est un peu sommaire. Cette idée courte témoigne du confort intellectuel où on s'installe quand on voit dans la naissance d'une religion un complot bien mené, dans la croyance une tromperie, et dans les prophètes du Dieu unique, des charlatans cyniques et sans scrupules. Voir dans toute contagion religieuse le résultat d'une contamination malveillante, une manœuvre de guerre idéologique lancée par des faussaires avides de richesses et de pouvoir, là réside précisément le délire aveuglant des Lumières. Si un tel déficit de rationalité dans l'appréhension de l'irrationnel venait à passer pour le dernier mot du rationalisme critique, l'Occident se banderait les yeux sans rien comprendre à ce qui lui arrive. Et c'est d'ailleurs bien ce qui lui arrive.

Sans rien comprendre non plus au fait que notre monde « désenchanté », qui se targue de ne plus donner dans les balivernes, connaît une telle prolifération de médiums et voyantes, de gourous et d'inspirés, de guérisseurs et d'exorcistes. Il n'y a rien là que de normal. On pourrait juste déplorer que les institutions qui régulaient jusqu'ici nos croyances, en séparant le licite de l'illicite ou l'autorisé de l'aberrant — Églises, partis, écoles, syndicats —, tendent à s'effacer. La privatisation du croire — comme celle de l'économie et des biens collectifs — rend la croyance énergumène, incontrôlable et même sauvage. En clair, ça débloque et défouraille dans tous les coins.

Cette dérégulation anarchisante a des effets des plus fâcheux, c'est évident, mais une chose est sûre : entre le croire et le savoir ne s'est pas produit ce jeu à somme nulle que nous avaient fait espérer les Lumières, et le grand Hugo lui-même : « Une école qui s'ouvre, c'est une prison qui ferme. » Le XIXe siècle, dans ses avant-gardes les plus éclairées, était certain que plus il y aurait à l'avenir d'observatoires et de laboratoires, moins il y aurait de Savonarole et de Saint-Barthélemy. Le pronostic ne s'est pas vérifié. S'il est vrai que l'intensité d'une croyance se mesure au nombre de gens prêts à mourir pour elle ou en son nom, il n'est pas avéré que celle-ci soit fonction du degré de retard intellectuel. Les kamikazes ne sont pas des analphabètes, et leurs inspirateurs encore moins.

Reconnaître ce point de fait, ce n'est nullement se faire le zélateur de la docte ignorance, encore moins minorer le rôle de la science. Apprendre à distinguer le vrai du faux reste la clé d'une civilisation digne de ce nom. Pas de transaction possible sur ce point : la vérité, cela existe. Oui, mais elle n'est pas seule au monde. La vérité est une erreur rectifiée, mais toutes nos erreurs ne sont pas rectifiables. L'*adequatio rei et intellectus*, l'adéquation entre l'esprit et la chose, comme son nom l'indique, concerne essentiellement le rapport de l'homme avec les choses (ou avec l'homme en tant que corps physique). La croyance concerne avant tout le rapport de l'homme à l'homme (ou avec lui-même) — et aucun progrès scientifique, aucune révolution numérique, aucune gouvernance par les nombres, aucun pilotage des affaires humaines par des algorithmes — un rêve très contemporain — ne réussiront à faire de la politique autre chose que ce qu'elle est depuis l'origine des temps : l'art de faire croire, qui est le moyen le plus sûr, et le moins coûteux, de faire faire. Et pour faire croire quelque chose aux autres, le meilleur moyen est d'y croire soi-même, de toute son âme. Le stratagème n'est pas de bonne stratégie.

Le péché originel de l'intellectualisme est de confondre le vivifiant et le vérifiable. Il y a un très beau livre de saint

Augustin, pas très connu, qui s'intitule *De l'utilité de croire*, où, de façon tout à fait empirique et pragmatique, il nous dit : « Vous savez, on nous accuse de proposer un objet de croyance un peu mythique, la résurrection de Jésus-Christ, ça vous semble un peu absurde, mais réfléchissez bien. Si vous ne croyez en rien, vous ne pourrez pas vivre, vous ne pourrez même pas prendre femme. Vous pourriez même avoir des rapports difficiles en famille, avec vos enfants parce que au fond si vous avez de bons rapports avec vos enfants c'est parce que ce sont vos enfants, c'est un acte de croyance ; vous n'allez pas surveiller votre femme tous les jours et toutes les nuits. Êtes-vous vraiment sûr que ce sont vos enfants ? » Le croyant est pragmatique. Il fait aller. Cela suffit.

Ce qu'on peut regretter, cela dit, c'est, comme le remarque Ernst Jünger, qu'« on ne peut pas prouver ce que l'on croit, et on ne peut pas non plus croire en ce que l'on prouve ». Cet hiatus est très embêtant. Il condamne au grand écart. Le démontrable n'est pas le vitaminé, et le vitaminé n'est pas démontrable. D'où sort régulièrement un dilemme cornélien, un conflit d'intérêts entre notre désir de savoir, qui va nous démoraliser, et l'envie d'y croire encore, qui nous regonfle, entre l'objectif et l'alléchant, l'exact et l'allant. Croire, c'est croître. La justification biologique manque peut-être de panache, mais contre la fossilisation, n'est-on pas en droit de faire feu de tout bois ?

Sous cet angle de vue, l'envie de vivre, il est incontestable qu'une forte croyance offre un net avantage évolutif aux individus, dût-elle se payer d'une entorse au bien-penser. On peut regretter qu'il nous faille parfois choisir entre *Le Discours de la méthode* et l'instinct de conservation, mais reconnaissons que croire, cela avive, cela réveille, cela irrigue. Cela fait des enfants et des familles nombreuses — le taux de natalité est plus élevé chez les croyants, juifs, cathos ou musulmans, que chez les gens revenus de tout. La foi pousse à la reproduction, ce dont peut dissuader une plus sobre vue de l'état du monde. Ça donne en tout cas de la flamme, synonyme de force nerveuse, et du feu, synonyme de chaleur vitale.

Certaines études médicales ont montré que les grands croyants, comme les grands sportifs, ont moins d'infarctus et de maladies cardiaques que les autres, et que le paroissien a une meilleure espérance de vie que le j'm'en-foutiste. Il y aurait là de quoi conseiller au troisième âge de faire du sport, d'aller à la messe le dimanche ou à Nuit debout, place de la République, pour se maintenir en forme. Car le vieux physiquement décroît, et, comme par hasard, il n'y croit plus trop, moralement, à ses lubies de jeunesse. Aussi la vieillesse n'est-elle jamais loin du naufrage. Et je me souviens de certaines compagnies de jeunes gens, les compagnons du Devoir en l'occurrence, dont le plus vieux, me suis-je entendu dire, « est encore dans l'âge où l'on croit à quelque chose ». Mauvais signe, peut-être, pour le discernement, bon signe pour la carrière future de cet apprenti compagnon.

L'on sait que dans les camps de concentration, pendant la guerre, les déportés croyants, chrétiens ou communistes, et même francs-maçons, furent les plus résistants. Cette bouée de sauvetage leur a valu de ne pas sombrer dans le désespoir et de survivre plus et mieux que d'autres. Fouillant les archives et comparant plusieurs destins de naufragés dans les mers du Sud, ayant échoué sur des îles inhospitalières, Simon Leys a remarqué que les naufragés du *Grafton*, contrairement à d'autres moins chanceux (les naufragés hollandais du *Batavia*, qui se sont exterminés les uns les autres au XVIIe siècle au large de l'Australie), avaient pu survivre, dans la concorde et l'entraide, grâce à la lecture régulière de la Bible et à un strict respect des principes chrétiens. Les réfugiés de *L'Île mystérieuse*, le roman de Jules Verne, purent eux aussi coloniser leur île déserte grâce à leur foi mystique dans le progrès scientifique, leur religion de la chimie et de la physique.

En somme, cette crédulité, il faudrait la dire à la fois indispensable et périlleuse, ce qu'on peut également dire du fait de venir au monde, opération toujours un peu risquée pour le plus prématuré des mammifères à la naissance, incapable de tenir sur ses deux jambes avant de très longs mois. Mais si l'on admet qu'une fois né on n'a pas tort de vouloir continuer (le vin est tiré, il faut le boire) et qu'une espèce vivante est fondée (brebis et loups pouvant là-dessus diverger) à vouloir persister dans l'être, on se sent pleinement autorisé à voir dans les croyances humaines, illusions comprises, une énième ruse de la Raison. Personnellement, je n'hésiterai pas à l'inscrire en tête de liste des aides à la personne, peut-être non remboursable par la Sécurité sociale, mais indispensable à la poursuite de la vie, comme s'appelle officiellement « l'ensemble des fonctions qui résistent à la mort ».

8

Que faut-il entendre par sacré ?

Rien n'est sacré en soi, mais on ne connaît pas de société, fût-elle officiellement athée, qui n'ait en son sein un point de sacralité, légitimant le sacrifice et interdisant le sacrilège. Le sacralisé ou l'intouchable se distingue du profane ou de l'anodin par des traits invariants, reconnaissables à l'œil nu, auxquels restent aveugles beaucoup d'esprits soi-disant émancipés.

Étrange destin que celui de ce mot, à la fois étrange et familier. Hier dans toutes les bouches, abondamment, surabondamment salué et reconnu, il n'est plus bien porté. Il n'a plus droit de cité. Sacré est devenu tabou, ou du moins malséant. Le substantif fait peur par ce qu'un référent ainsi baptisé suppose de révérence et l'épithète fait sourire par la nuance d'ironie admirative qu'on y met. Une sacrée musique n'est pas une musique sacrée. Si l'on sourit en parlant d'un sacré farceur ou d'une sacrée jolie fille, c'est au fond pour mieux conjurer la crainte ou l'embarras que suscitent aujourd'hui l'amour sacré de la patrie et autres versets républicains qui nous semblent un peu trop sentir la terre et les morts, le cantique des armes et l'hécatombe des corps. Aussi le sacré est-il absent des discours publics, proscrit de nos textes législatifs.

On peut dire qu'une tombe a été profanée, rédiger une loi contre l'outrage à *La Marseillaise* et au drapeau, interdire de manipuler le génome de l'espèce humaine, prohiber le trafic d'organes prélevés sur un cadavre, mais il ne s'en déduit pas qu'on puisse remonter à la cause et dire qu'une sépulture, un hymne national, le génome ou la dépouille humaine ont du sacré en eux, sans quoi il n'y aurait, c'est logique, ni outrage, ni viol, ni profanation. Profaner, oui, ça se dit couramment, sacraliser, halte-là. Un livre de cuisine qui parlerait du cuit, mais non du cru, un bulletin météo du froid, mais non du chaud, susciteraient quelque étonnement, mais ce qui nous étonnerait, nous, c'est d'entendre le mot sacré dans la bouche d'un politique ou d'un sociologue, alors que la distinction sacré / profane est aussi banale que celle des jours fériés et des jours ouvrables. Elle est à tous les coins de rue, cette opposition, mais sans le nom propre.

N'est légitime et valorisant, chez nos officiels, que la langue des valeurs, cet édulcorant « citoyen » qui est au sacré civique ce que Walt Disney est à Sophocle, le Nutella à la crème anglaise ou le McDo au resto. Nous savons le rôle que joue l'addiction au sucre et au doucereux dans l'infantilisation des peuples. Nos malheureux ministres, pour s'adapter à l'air du temps, qui est à la moraline, le complément du règne des chiffres, tartinent leurs discours avec les « valeurs de la République » et on comprend pourquoi : cette douceur ne coûte rien. Nos valeurs sont sans pénalités. Elles n'obligent à rien de sérieux ni de précis, dépourvues qu'elles sont d'infractions, de règlements et de sanctions, alors que là où il y a du sacré stipulé, il y a de l'impératif catégorique avec du contraignant et de l'obligatoire.

La valeur est molle, le sacré est dur. La valeur plaît à tous — c'est la fonction du kitsch, et la ressource des politiques. Le sacré éloigne. On y flaire quelque chose d'effrayant, de sanguinaire ou de mauvais augure, ce qui n'a rien d'absurde, en un sens, car le sacré peut se définir, de prime abord, comme cela qui *légitime le sacrifice* et *interdit le sacrilège*. Or nous n'avons aucune envie de nous sacrifier pour quoi que ce soit et nous détestons viscéralement les interdits, sauf pour la gloriole de les enfreindre. Le plus drôle est encore ceci : notre société, que le fameux « il est interdit d'interdire » faisait il y a peu rougir de plaisir, ne cesse depuis d'aligner des sanctions de toute sorte pour qui viole telle loi mémorielle, telle bienséance de langage, telle règle de politesse. Légion sont les mots à ne plus prononcer (celui de race, par exemple), les gestes à ne pas faire (déjà suspect, le baisemain), les vêtements à ne pas porter (le voile). Et il n'y a rien là de répréhensible, bien au contraire, ni même d'original, tant il est vrai que toutes les sociétés humaines, depuis la nuit des temps, ont un « il est interdit de ne pas interdire » sinon pour devise ou slogan, mais pour ligne de conduite et règle irrémédiable.

Nous nous vantons de ne plus rien tenir pour sacré, mais trouvons fort normal que les auteurs d'une BD au deuxième degré ironisant sur les nazis et les déportés juifs soient condamnés à une forte amende et leur ouvrage interdit à la vente (1987). Que la pédophilie soit un crime sans pardon. Et que s'en aller cuire un œuf sur le plat au-dessus de la flamme du soldat inconnu, à l'Arc de triomphe, ou, pis encore, aller ouvrir une crêperie sous le portail du camp d'extermination d'Auschwitz, constitue plus qu'une incongruité ou un acte de mauvais goût. Mais surtout, que le mot « sacrilège », en ces occasions, ne soit pas prononcé ! Il nous ferait rougir, nous, les lecteurs du *Canard enchaîné* pour qui la liberté de penser s'appelle *Charlie Hebdo*.

D'où vient ce malaise, dédain ou refoulement ? À première vue, d'un amalgame avec la bondieuserie et la sacristie.

Je l'ai longtemps faite mienne, cette confusion subreptice, jusqu'au jour où, me promenant à Moscou sur la place Rouge, du temps de l'Union soviétique, et allumant nonchalamment un cigarillo, je vis un soldat à chapka accourir pour m'enjoindre aussitôt, avec des gestes impérieux, de mettre fin à cette impiété. Interdit de fumer, non seulement dans, mais même devant le mausolée de Lénine. Mon geste malheureux m'apprit que l'athéisme officiel n'est pas « sacrifuge » (comme on dit vermifuge), mais compulsivement « sacrophile », jusqu'à la manie, avec des solennités sans spiritualité, des ferveurs réfrigérées mais qui en imposent.

Il suffisait, pour découvrir ce religieux réduit aux acquêts, de parcourir l'Union soviétique avec les hiérarques du Politburo, les hiérarchies dans le parti, l'hiératisme des cérémonies officielles et les hiérophantes des Instituts du marxisme-léninisme, qui initiaient les profanes aux mystères de la science matérialiste. Du préfixe *hieros*, en grec, sacré, mais là encore, ce rappel eût été fort déplacé dans le monde communiste. À l'autre pôle, en revanche, où l'on pouvait s'attendre à un préjugé favorable — décidément, le public manque, j'en sais quelque chose —, la paroisse n'est guère mieux disposée que la cellule. Un bon chrétien y verra une valeur encore païenne et primitive à ses yeux (en quoi il a raison : le sacré était là bien avant Jésus-Christ, et même avant Dieu). Les fidèles se rattrapent avec la racine *agios*, qui veut dire saint (d'où nos hagiographies).

Le sacré concerne les choses, la sainteté concerne les hommes, et le parti pris des choses n'est pas celui des hautes spiritualités. De fait, ce ne sont pas les pierres qui sont saintes, ni sanctifiables. L'Église romaine en tant qu'institution a beau avoir des sacristains dans ses églises, un Sacré Collège au Vatican, des vases sacrés dans le tabernacle, et la basilique du Sacré-Cœur à Montmartre, la morale et la théologie catholiques mettent très en dessus de la notion de sacré, où plane l'ombre de la violence et de la mort, le pur amour de la sainteté, qui n'a à voir qu'avec l'amour et la vie. Et chez les protestants, le temple lui-même n'est pas un édifice sacré où la divinité se tient à demeure, il n'est lieu de culte qu'au moment où le culte est célébré — proclamation de la Parole et célébration de la Sainte Cène. On a vu récemment les créateurs et les grandes marques de mode s'inspirer du sacré vestimentaire pour leurs dernières collections, mais on ne sache pas que la sainteté, qui ne se détourne ni ne se pastiche, puisse inspirer nos designers. Oui, il faut distinguer ces deux régions de l'âme qui se côtoient sans s'aimer. Sanctifier une personne, c'est la donner en exemple et inciter la foule à la rejoindre. Sanctuariser un lieu, c'est en réglementer l'entrée et faire que la foule s'en écarte. Le saint est estrade ou piédestal. Le sacré est crypte ou caveau. Le concave l'exalte.

Le sanctuaire a précédé, et de plusieurs millénaires, la sanctification, comme le site sacré a précédé la maison de

Dieu, qui a elle-même précédé la maison du Roi. Car le sacré est une notion « basique », comme on dit, la base de toute la pyramide religieuse qui s'est ensuite édifiée par-dessus. Tout commence par là dans le chronogramme symbolique de *Homo sapiens sapiens.* Le sacré est primitif, il devance ; le divin, plus tardif, suit le mouvement ; le Dieu unique arrive en queue, mais, si j'ose dire, rafle la mise. Le premier est plus large que le deuxième, lui-même plus vaste que le dernier. C'est une pyramide dont chaque gradin a servi de fondation à la suivante, avec le Dieu d'Abraham en pyramidion. D'où l'ordre des entrées en scène. Et le schéma classique de l'évolution en trois temps : le sacré animiste, c'est la préhistoire, sans Continent privilégié ; le divin polythéiste, c'est la protohistoire du Proche-Orient et de la Méditerranée ; les religions du salut, c'est notre histoire écrite, terminus, tout le monde descend. Sauvagerie, barbarie, civilisation : les esprits, les déités, le Dieu unique.

Les archéologues peuvent accréditer ce schéma un peu nombriliste, avec des marqueurs tangibles à chaque stade, « de l'abri-sous-roche au gratte-ciel de verre » (Julien Chanteau). Le sacré préhistorique est attesté par l'existence de sites singularisés et isolés, avec pierres dressées, cairns, bétels, menhirs et dolmens. Les premiers cultes religieux (au sens large) ont, eux, pour marqueurs des maçonneries en pierre, temples, sanctuaires, monuments, dispositifs qui peuvent être de petite taille. Le sacré peut avoir des espaces à ciel ouvert, le divin exige des espaces couverts, pour protéger le dieu et la déesse des intempéries, et de voisinages plus ou moins dégradants.

Dire qu'il y a eu, dès le paléolithique, du sacré sans religion, suivi, au néolithique, de religions sans théologie, cela veut dire, si l'on se retourne vers l'avenir, que la mort de Dieu ne signifierait nullement une sortie de la religion, ni celle-ci la sortie du sacré. Rabattre le sacré sur le religieux reviendrait à réduire les chants et musiques sacrés du monde au répertoire liturgique, au plain-chant, aux antiphonaires et aux musiques de messe. En éliminant le Gospel, les negro-spirituals, le flamenco, les chants corses, et les chorales de l'Armée rouge, héritières des chœurs byzantins. Tout ce qui psalmodie une expérience ou une souffrance collective, tout ce qui se danse en faisant cercle, main sur l'épaule. Tout ce qui fait battre le cœur, accélère le pouls, ou donne la chair de poule. Quand le divin pinacle s'effondre ou s'effrite, les murs du religieux restent debout. Et quand les murs tombent à leur tour, le socle du sacré demeure. Il est de fondation. Comment le sait-on pour la nuit des temps ? Parce que sur les champs de fouille, les frissons sacrés s'évanouissent, mais les tumulus sont toujours là.

Non seulement la notion de sacré, contrairement à celle de religion, a une traduction linguistique sous toutes les latitudes, mais c'est la seule dont on peut suivre l'expression matérielle tout au long de l'histoire, depuis les sociétés sans écriture jusqu'à la nôtre. L'opposition dedans-dehors, ou fermé-ouvert, a traversé toutes les médiasphères : la *mnémosphère*, l'ère des transmissions de mémoires non écrites, par le biais des constructions monumentales et des pierres dressées ; la *logosphère*, transmission orale de textes manuscrits ; la *graphosphère*, l'ère des livres et des imprimés ; la *vidéosphère*, enfin, où la distraction régnante, de mieux en mieux entretenue, n'empêche pas les tueries pour la conquête ou le contrôle d'un mur, d'une esplanade ou d'un lieu de naissance. Disons que notre demeure symbolique s'est édifiée par strates successives, repérables chronologiquement, mais dont chacune s'emboîte dans la suivante, sans disparaître pour autant. Le plus « sauvage » n'est pas éliminé par le plus « civilisé ». Le chaman survivra à l'archidiacre. Le fond des âges n'a pas de fin, et les rituels de transe se retrouvent au Zénith, dans les concerts de rock.

✧

En matière de ferveur collective, l'âge des circuits intégrés n'est donc pas brouillé avec l'âge du bronze. Sans doute, la fonction guerrière a perdu ses vieux prestiges, et c'est dans les batailles surhumaines des origines, *Iliade, Chanson de Roland, Le Cid*, dans l'enthousiasme unificateur des épopées fondatrices que la référence à une instance sacrée revêt tout son éclat, comme en témoignent les grands portails de mots situés à l'orée des narrations nationales. La paix et l'absence d'ennemis démobilisent et rejettent dans l'ombre ces flamboyances communautaires et archaïques. Mais même dans notre paisible démocratie, on en a encore des aperçus, par moments. Chez nous, et non à l'île de Pâques ou au musée des Arts premiers.

Nos obsèques nationales dans la Cour des Invalides, avec sonnerie aux morts et roulements de tambour, nous donnent à sentir un sacré d'ordre institutionnel. Et nos défilés silencieux République-Bastille, en hommage à nos massacrés, un sacré de communion populaire. La départementale qui nous mène à Verdun s'appelle la Voie sacrée, et *Le Chant des partisans*, au mont Valérien, le 18 juin, nous fait passer un frisson dans l'échine. Pas de prêtres dans ces liturgies profanes, ni de djinns. Rien de surnaturel. Ou alors si, mais autogéré. Le sacré, c'est du transcendant fait maison, du surnaturel cousu main, sans aide extérieure.

Premier constat pour l'historien des mentalités : il n'y a pas de sacré pour toujours, mais toujours du sacré dans une communauté organisée. C'est déjà une raison suffisante pour éviter l'article défini : le sacré en soi n'existe pas, comme une réalité substantielle, surnaturelle et immuable qui se révélerait de loin en loin par des hiérophanies — comme un volcan en sommeil par des jets de lave épisodiques. Non. Rien n'est sacré par nature, et n'importe quoi peut le devenir : un arbre de mai, la source d'un fleuve, un parchemin, un tableau, voire un fémur ou une plume d'oie (on fait relique de tout). Non qu'on change de sacré comme de chemise, mais nos vénérations vont et viennent, et il y a un temps pour tout, même pour le sacré.

Une sépulture peut être ouverte et une dépouille remplacée par une autre dès lors qu'un squelette n'a plus de nom propre, et je peux proclamer à voix haute, en 2016, Via Veneto, à Rome, que le Christ n'est pas ressuscité — ce qui m'eût fait sentir de très près le fagot au XVIe siècle —, mais je risquerais ma peau si je clamais sur les trottoirs du Caire que Mahomet n'a jamais rien reçu de l'ange Gabriel (alors que nier la résurrection d'Osiris, trois mille ans plus tôt, dans le même lieu, m'eût vite expédié au Royaume des morts).

Le sacré d'hier n'est pas celui d'aujourd'hui, et, sur un même territoire, ils peuvent se succéder sans graves difficultés. Il y a toujours des gens en France, du moins on peut l'imaginer (pour le redouter ou s'en réjouir), prêts à se faire trouer la peau pour une cause qui les dépasse, mais on n'entend plus personne réciter « Mourir pour la patrie, c'est le sort le plus beau, le plus digne d'envie », et rares sont les chrétiens qui donneraient leur vie pour l'honneur de Dieu et de la foi. Pour la maisonnée et les enfants, en revanche, ce n'est pas impossible. « La famille, c'est sacré. » Changement de portage et repli sur le noyau dur. Je ne parle pas, bien sûr, des *human bombs* qui imposent de force le martyre à leurs victimes.

✧

Ces observations factuelles conduisent à remplacer le terme convenu mais commode de sacré par celui de *sacralité*, qui renvoie explicitement à un acte de sacralisation, opération purement et simplement humaine où il n'y a que des reprises, car l'humanité dans ce domaine ne fait pas preuve de beaucoup d'imagination. On n'innove guère dans le fondamental.

En quoi consiste l'opération ? À quoi se reconnaît la sacralité d'une colline, d'un mur, d'un fémur ?

D'abord, à des entours soigneusement aménagés. Le sacralisé a sa signalétique. Elle n'a rien à cacher, car si secret et sacré font doublon, la mise sous clé ou en tréfonds se signale à la vue de tous. Gengis Khan, le père de la nation mongole, est une figure sacrale à Oulan-Bator, et sa colossale statue d'acier dans la steppe, sur un site surélevé et hautement grillagé, fait 50 mètres de haut et se voit à plusieurs kilomètres à la ronde. Celle de Jeanne d'Arc, à Paris, ne suscite sans doute plus la même ferveur, place d'Aboukir, mais, quoique en comparaison toute menue, elle est également surélevée par un emmarchement et protégée par une grille. Le profane est à claire-voie, le sacré à l'abri.

La tête de Staline ne fait plus baisser celle d'un communiste français, en 2017, quand son dessin par Picasso en tartempion bonhomme et moustachu mit en fureur les lecteurs de *L'Huma* en 1953. Le sacré politique est à combustion rapide, le sacré religieux est à mèche lente, trente ans ont suffi pour que le petit père des peuples voie ses statues décapitées ou mises à bas, mais Saint-Serge à Moscou trône toujours en majesté. Cependant tout arrive, y compris que des églises, comme au Québec, faute de paroissiens, soient déconsacrées et mises sur le marché, découpées en lofts.

En revanche, c'est en vain que vous chercheriez un pays, y compris un archipel du Pacifique nouvellement indépendant, qui n'ait son monument aux morts, son drapeau, son hymne, son jour férié et son point de rassemblement dûment signalé et protégé. Nous essentialisons, sublimons, fétichisons quelque chose ou quelqu'un que nous avons nous-mêmes sacralisé ou consacré, et que nous déconsacrerons demain, dès que l'aura de l'exceptionnel se sera reportée sur un ancien vaincu ou un nouveau héros. Le report se fait sous nos yeux en direction du solaire et du chlorophyllien, des arbres, des criques et des rivières : on passe du Père de la Patrie à Gaïa, la Déesse Terre.

Alors, qu'est-ce qui s'exhibe chaque fois ?

D'abord et avant tout, le cerne distinctif. Sacré vient du latin *secernere*, séparer, dissocier. Le latin *templum* (l'espace circonscrit dans les airs par le bâton de l'augure) vient du grec *temnein*, qui veut dire découper, d'où vient notre temple. Et ce qui se tient devant son enceinte, réservée au culte, c'est le *pro-fanum*, le profane (stigmate au départ spatial). L'opposition sacré / profane peut ne pas être tranchée, comme en Afrique, où prévaut plutôt une échelle de degrés. Chez les Ashanti du Ghana, par exemple, même une activité technique comme l'agriculture peut toucher au sacré, la terre l'étant par elle-même, d'autant plus que le lopin est celui de nos ancêtres.

Mais l'enclos et le clos, le mur et la barrière, se retrouvent au propre comme au figuré dans le paradis (le jardin fermé), le *haram* arabe et le *herem* hébreu. *Quadosh* aussi est lié à l'idée de couper, et le verbe « séparer » a dans la Bible une connotation rituelle, à la fois juridique et politique. La sacralisation de l'Hexagone a commencé chez nous avec l'instauration en lieu et place d'une marqueterie de possessions imbriquées l'une dans l'autre, de frontières en ligne continue. Donc, premier signe de reconnaissance : un périmètre lui-même reconnaissable, doublé, si le terrain s'y prête, d'un dénivelé, d'un parvis ou d'une palissade.

Le sacré, cela dit, peut travailler à l'économie. Une rangée de pierres sèches peut lui suffire en plein désert, comme celle que le Bédouin aligne sur le sable pour se faire une mosquée où dire ses prières, avec un petit espace libre en guise de porte et une fausse niche, en guise de mihrab, pour orienter la prière vers La Mecque. L'auteur du *Génie grec dans la religion*, Louis Genet, a noté qu'il « est de la nature des lieux sacrés qu'ils soient limités. Quand ils sont le siège d'un culte organisé, ils sont entourés d'un mur ou d'une ligne de bornes ».

Nous n'avons plus de génie ni de religion, ni même le culte des morts, mais nos cimetières, tout sécularisés qu'ils soient, restent ceints de murs. À l'intérieur, casse-croûte et jeux de balle interdits. Nous ne croyons plus en la justice divine et avons déposé le crucifix accroché au mur des salles d'audience, mais le prétoire reste un lieu sacralisé, avec la barre à témoin, le gradin devant le tribunal, la porte capitonnée, l'interdiction d'y boire et d'y manger. On rentre plus facilement en short et sandalettes dans Notre-Dame de Paris qu'au palais de Justice de Paris, où le contrôle est plus sévère. Et l'assistance se lève obligatoirement à l'entrée des magistrats, signe de respect que les officiants n'obtiennent pas toujours à l'intérieur d'une cathédrale. Le sacré civil est devenu plus exigeant que le sacré confessionnel. Ce qui nous reste de tenue, il l'impose. Admis dans l'enceinte, il faut enlever ses sandales (comme Dieu l'ordonna à Moïse sur le mont Horeb), son couvre-tête, ou, au contraire, s'en délester, accéder ou ralentir le pas, c'est selon, baisser la voix ou l'élever, mais de toute façon s'affubler et se comporter autrement que dans la vie courante.

Par où se voit la visée première d'un acte de sacralisation : le développement durable. Surmonter le chaos, conjurer le terrain vague, maîtriser l'informe et l'infini. Isoler, délimiter, donc sauvegarder, freiner la dégradation, prévenir la dispersion. Le sacré, ce n'est pas du luxe, c'est le radeau des hommes à la mer. C'est mon assurance-vie, une façon de se mettre hors eau, pour ne pas disparaître avant l'heure, ou plutôt pour ne pas couper les amarres avec ce qui me tient à flot. Le sacré me rattache à un passé et me fait la promesse d'un avenir. C'est bien pourquoi, quand une société se sent une fragilité, une possibilité de naufrage, un risque d'abandon, son premier réflexe, c'est de consacrer, pour consolider, réaffirmer, affermir.

Comment procédons-nous pour ce faire en régime laïque ? En votant une loi, par exemple, assortie de sanctions en cas de non-respect. L'hymne national, en 2001, est sifflé dans le Stade de France, au cours d'un match de foot. Le drapeau piétiné ? S'ajoutera en 2003 une nouvelle disposition dans le Code pénal (article 433-5-1) punissant de 7 500 euros d'amende l'outrage public fait à l'hymne national et au drapeau tricolore « au cours d'une manifestation organisée ou réglementée par les autorités publiques ». Le champ d'application est limité à l'espace public, car telles sont bien la fonction et la visée du sacré, la cohésion d'un collectif. J'ai en revanche licence de siffler *La Marseillaise* chez moi, d'entonner son interprétation reggae, de peindre les trois couleurs sur mon paillasson, d'insulter le chef de l'État — pas de délit en ce cas, pas d'amende. C'est à domicile. Pas vu pas pris. Cela ne touche pas à l'ordre public ni à l'âme de la nation. Le seul problème qui reste à trancher, par les tribunaux civils et seulement par eux, c'est où faire passer la frontière, dans l'espace public, entre du culturel licite (Serge Gainsbourg, « Aux armes, *et cætera* ») et du manifestement illicite, civique ou confessionnel.

L'acte de délimiter ne sépare pas le politique du religieux, elle soude l'un à l'autre. Le *rex* latin a pour première fonction, sacerdotale, de *regere fines*, signaler où les choses commencent et finissent. Et c'est un dieu, Terminus, qui borne le champ d'oliviers. Les jurisconsultes romains citaient comme exemple de *res sanctæ* les murs et les portes de la ville. Sacrées elles sont, mais par transfert ou ricochet en tant que facteur de discontinuité. Comme le sont les fonctionnaires de la Porte. Le sacré fait frontière, et la frontière fait du sacré. En grec ancien, instituer une divinité se dit *horizein theon*, borner un dieu. « Soyez saints », enjoint le Lévitique aux Hébreux. Traduction : écartez-vous, ne vous assimilez pas. Ne mélangez pas la laine d'origine animale avec le lin d'origine végétale (Deutéronome, 22, 11), non plus que le lait avec la viande (Exode, 23, 19), et ne vous mélangez pas vous-mêmes avec les *goyim*. Ce qui vaut pour les textiles et les aliments vaut pour l'humain comme pour le territoire. Israël doit rester séparé des autres nations et son territoire a été proclamé « propriété inaliénable du peuple juif ».

Le dur désir de durer, le laïque n'y échappe pas, et l'athée non plus. Et il fait ce qu'il faut sans lésiner sur les moyens. D'où la sacralisation du patrimoine culturel, attestée par la sacro-sainte règle de l'inaliénabilité des collections publiques dans nos musées, dût-elle se payer d'un grand embarras diplomatique en cas de demande de restitution par des États étrangers de telle ou telle pièce jadis dérobée sur leur territoire — un manuscrit coréen, un vieux canon japonais, ou même des restes humains, têtes de Maoris ou crânes de chefs ornés. Qu'est-ce qu'un patrimoine, en effet, sinon ce qu'on hérite de ses aïeux et qu'on entend léguer à ses descendants ? Et que tient-on pour sacré, dans n'importe quelle communauté, sinon la continuité fondatrice par quoi elle se définit, c'est-à-dire ce qui précède, succède et excède chacun de ses membres, que personne n'est en droit de s'approprier, et dont nul individu ne doit pouvoir disposer à sa guise ?

De là découle un autre trait distinctif, assez étrange dans une société de marché : le sacré ne se marchande pas. Inappréciable, inaliénable, non monnayable et indivis, c'est un bien collectif. *La Joconde* n'a pas de prix et ne sera jamais mise aux enchères (prions pour cela). *Guernica* non plus, en Espagne. Ce qui ne va sans astreintes pour les individus (une demeure inscrite au patrimoine n'est pas forcément une bonne nouvelle pour son propriétaire). On n'échangera pas, pour faire la paix ou clore une négociation, une tonne de moellons du mur des Lamentations contre une tonne de la Kaaba, ni une lettre manuscrite d'un mien aïeul contre celle d'une autre famille.

Pas de brevet pour le génome humain, pas de salle de vente pour la relique, pas de marché pour le corps humain. Le sacré fait la nique à l'individualisme. L'icône orthodoxe peinte par un moine n'est pas signée. Le tag et le graff non plus. D'où une certaine parenté entre les arts sacrés de jadis et le *street art* d'aujourd'hui : le refus du marché, le regroupement en atelier, l'enseignement par les maîtres, le choix des lieux publics. Le graffeur est un médiéval post-moderne, un monsieur jadis qui s'insurge. Tout anarchiste qu'il soit, il refuse de jouer perso en tirant la couverture à lui. De façon générale, tout ce qui relève du jeu communautaire sera vu comme pathologique, ruineux ou désastreux, par Sa Majesté le moi. Ainsi Karl Kraus, à propos du drapeau, dans son très savoureux *Je n'ai aucune idée sur Hitler*: « Un morceau d'étoffe coloré ne signifie rien pour l'individu isolé ; le fait que ce soit la foule qui en ait besoin, voilà une grande possibilité de ruine. » L'article 433-5 de notre Code pénal aurait bien fait rire Kraus, mais la décomposition d'une multitude en un tohu-bohu de hordes indistinctes, privées d'emblème fédérateur, ne nous donnerait guère l'occasion de rire.

Dans notre check-list, n'oublions pas la fonction magnétique. Un lieu sacralisé est toujours un point de ralliement, de convergence pour une diaspora, un but de pèlerinage, l'an prochain à Jérusalem, à chaque mouvance le sien — que ce soit le Saint-Sépulcre, la place de la République ou la roche de Solutré. S'y réaffirment une identité collective, un vieux compagnonnage ou quelque retrouvaille avec l'essentiel. Le haut lieu refait lien. Le sanctuaire de Delphes, qui réunissait lors des panégyries (comme celui d'Olympie lors des Jeux) les cités rivales de la Grèce, servit de creuset au panhellénisme. La Mecque voudrait bien l'être pour le panislamisme. Et le site d'Auschwitz a pu rassembler tous les chefs d'États européens, le russe et l'allemand compris, au moment de célébrer l'anniversaire de sa libération. C'est un site fédérateur et à ce titre sacralisé. On y célébrera peut-être un jour, s'il venait à se former, un paneuropéisme.

Mais qui consacre bien exècre bien, et ces lieux de concorde où s'affiche une appartenance sont, *ipso facto*, des lieux de discorde, où le taux d'homicide est plus élevé qu'ailleurs. Faire corps, c'est faire face, au Sarrasin, à l'infidèle, au Boche, aux cocos ou aux deux cents familles. Un entre-nous, c'est toujours un contre-eux qui ne dort que d'un œil, toujours prêt à se réveiller au moindre empiétement. Là où s'exalte un regroupement couve un affrontement. Terre sainte, terre minée. Enfants de chœur, s'abstenir. La violence rôde, les zones tampons et les missions de surveillance ou d'interposition de l'ONU sont bienvenues. Voyez Hébron et ses colons, le mont du Temple à Jérusalem, le temple hindouiste d'Ayodhya en Inde, reconquis sur l'emplacement d'une mosquée, dans une violence inouïe, le sanctuaire de Preah Vihear à la frontière du Cambodge et de la Thaïlande, avec ses duels d'artillerie. Voyez aussi ce qui s'échange d'injures et de horions autour d'un monument aux morts ou d'un héros soviétique en granit, entre la Russie et l'Estonie.

Il est clair que notre présent état d'esprit a deux excellentes raisons de tourner le dos au sacralisé. D'abord, le rejet de toute sujétion à un dogme quelconque, l'allergie à tout ordre imposé, et ensuite l'exaltation d'un individu sans fil à la patte, qui exige de garder le libre choix de tout ce qui le fait exister. Or, le sacré, c'est tout ce qui se fait, se lit, se chante, en groupe, en cadence, au coude-à-coude, et qui ne se choisit pas dans une vitrine de magasin. Soit le comble de l'ingrat pour le contemporain occidental.

Et il est vrai que si la chose publique peut difficilement se passer d'un point de sacralité, un individu peut n'en voir que les aspects contraignants et même rebutants. Le saint est tout bon, c'est un élu, un glorieux, qui, béatifié ou canonisé après sa mort dans l'Église catholique, mérite un culte d'honneur universel et public dit de dulie (l'adoration, ou culte de latrie, est réservée à Dieu). Le sacré, lui, n'ira jamais sans dommages collatéraux. *Sacer esto*, disait-on en latin : qu'il soit maudit. Le sacrum, c'est le coccyx, et les vertèbres sacrées jouxtent nos fesses. Le crucial a toujours double sens. Sublime et repoussant. Le sacré est ambivalent, comme le feu, qui peut brûler et ranimer, comme l'eau, qui noie et ravive, comme tout ce qui touche aux fondamentaux. Ces éléments naturels ont leur légende noire. Il n'empêche que de l'une et l'autre nous avons besoin pour survivre. En grec ancien, *hieros* voulait aussi dire, chez Homère, fort et vigoureux.

Ce qui consolide peut aussi ankyloser. « Deux choses menacent le monde, disait Valéry, l'ordre et le désordre. » Disons, dans le même esprit, que deux choses menacent nos communautés humaines : le sacré et le profane. Trop de sacré — pensons à l'ordre sacré que fait régner l'islam intégriste dans la vie des fidèles (et des autres) —, c'est immobilisme et pétrification. Pas assez — pensons à notre Europe actuelle —, c'est démembrement et relâchement. Il y a des lieux et des moments où il faudrait crier bien haut : Arrêtons de transmettre pieusement, innovons, délivrons-nous des ancêtres et des héritages. Et d'autres, où l'on aurait envie de gueuler : Arrêtons de communiquer et de couper la tête à tout ce qui dépasse. Sacralisons ce qui nous fait tenir debout et ne profanons pas jusqu'à l'indispensable.

Comme disait un certain Vladimir Ilich, « tout dépend des conditions ».

Et vu les nôtres aujourd'hui, en France, on se prend à penser que la République aura un avenir plus assuré du jour où un chef de l'État osera évoquer à voix haute, du haut d'une tribune, non de sempiternelles valeurs en carton-pâte, mais un sacré remis à neuf, effrontément laïque et courageusement déplacé.

9

Que faut-il entendre par religion ?

Le mot est un latinisme, dont s'est emparé le mouvement chrétien peu après sa naissance pour se définir lui-même. Son extension abusive à l'ensemble des cultes existants nous vaut de graves malentendus, dont on ne peut sortir qu'en se tournant non vers les doctrines ou les énoncés, mais vers des pratiques et des rituels où le spirituel n'est pas indispensable.

Les choses de la religion, qui passent pour abruptes, constituent dans les faits un monde de fluidités en clair-obscur, aux frontières indécises, aux banlieues incontrôlables. La scientologie, le yoga, l'astrologie, les Rose-Croix en font-ils ou non partie ? Le turban sikh, signe religieux ou attribut ethnique ? Vézelay, lieu de pèlerinage ou lieu de mémoire ? Le candomblé au Brésil, folklore ou rituel ? Le bouddhisme, qui ne renvoie pas à un Dieu, mais érige des pagodes, sagesse, spiritualité ou confession ? Et le positivisme d'Auguste Comte, qui a eu aussi ses temples (il en garde au Brésil) et prêcha une religion de l'humanité ? Et le marxisme-léninisme, où une forme de savoir se présentait en moyen de salut ? Et le drapeau étoilé, que l'écolier américain salue chaque matin, la main sur le cœur — religion civile ou pas ?

Questions souvent entendues, et dont il arrive qu'elles n'aient rien de spéculatif puisque de la réponse qu'on leur donne peuvent dépendre, dans tel ou tel cas, la fermeture d'un établissement scolaire ou, pour un lieu de prière, une exemption de la taxe foncière. Il plane sur ces confins identitaires un certain brouillard, un dégradé volatil allant du rouge sang au vert pâle, où le sulfureux, dans l'incertitude, peut côtoyer le féerique — ce qui n'est pas sans rapport avec le fond même du phénomène, toujours réversible. Un être religieux est un Janus toujours susceptible de présenter, à qui le gifle ou bien le cajole, son autre joue, et l'on a vu, en Asie du Sud-Est, des moines bouddhistes décrocher le fusil pour tuer du musulman — tandis que d'autres bonzes, au Viêtnam, affrontaient l'Américain en s'arrosant d'essence. Marx avait parfaitement saisi cette double face dans son texte toujours mal compris de 1844 sur « l'opium du peuple », où il sut reconnaître « l'âme d'un monde sans âme », à la fois « expression de la détresse réelle » et « protestation contre la détresse réelle ». Traduction concrète, testée en Amérique latine : un chrétien évangélique peut faire un excellent réactionnaire et un excellent révolutionnaire.

La façon dont nous répondons à ces questions pratiques dépend de l'idée préalable de ce qu'est une religion. Il en existe à peu près deux cents définitions, dont aucune ne fait clairement et partout autorité. La plus souvent reprise, en France, est celle qu'a donnée le sociologue Durkheim sous la IIIe République. « Une religion est un système solidaire de croyances et de pratiques relatives à des choses sacrées, c'est-à-dire séparées, interdites, croyances et pratiques qui unissent en une même communauté morale, appelée Église, tous ceux qui y adhérent. » C'est là une pertinence approchée, mais encore très approximative. Car il y a des religions sans Église — l'islam sunnite en est une —, d'autres faites d'observances sans croyance — un certain judaïsme l'admet —, et la plupart n'exigent ni doctrine ni adhésion formelle — pensons à l'hindouisme ou à l'animisme, ces façons de vivre héréditaires que chaque génération transmet à la suivante sans y penser. Tout laïque que se soit voulu Durkheim, sa définition se moule sur une matrice chrétienne très particulière. Celle-ci est tout entière contenue dans le mot même de religion, auquel il faut remonter pour commencer d'y voir un peu plus clair.

Pour savoir de quoi on parle au juste, il faut se décentrer, sortir de l'étroite orbite européenne. Religion est un localisme, en fait un latinisme. Le mot qui nous piège provient d'un vol de concept, d'un coup de force terminologique effectué par l'apologiste carthaginois Tertullien (vers 155-222) en l'an 197 de notre ère. Son contemporain Celse, défenseur de la culture païenne hellénique, venait de qualifier le christianisme de religion barbare et absurde. Tertullien a alors qualifié de *religio* son culte encore à l'état naissant, que les Romains, Tacite en tête, qualifiaient jusqu'alors d'exécrable superstition, soit une de ces extravagances propres aux viles multitudes sans patrie et sans traditions, synonymes d'inculture.

« Il me semble que si nous détruisons la superstition, renchérit Cicéron, dans *De la divination*, nous aurons rendu un grand service à nous-mêmes et à nos concitoyens. Car le sage doit protéger les traditions des ancêtres, en conservant les rites et le culte. » La religion, dans sa version originale, désignait à ses yeux l'institutionnalité civique, structurée et structurante d'une cohésion sociale, on dirait aujourd'hui l'establishment. Ce roque à longue portée opéré par le chrétien Tertullien, comme entre la tour et le roi dans une partie d'échecs, a fini par intervertir les titres de crédibilité : c'est le culte chrétien qui du coup devenait légitime, prétendant potentiel à l'officialité, et le paganisme une simple superstition, encore tolérable, mais déjà marginale.

Religio, en latin, dessine un carrefour étymologique, un croisement entre *relegere,* recueillir, et *religare,* relier. Le premier dérivé, consigné par Cicéron, est le bon ; le second, beaucoup plus tardif, est dû au chrétien Lactance. Il y a dans *relegere* une idée morale de scrupule indépendante de tout surnaturel. C'est l'acte de vérifier, de revoir avec soin, de faire très attention — qui se retrouve dans notre « accomplir religieusement sa tâche ». L'antonyme exact de *religion,* en ce sens, c'est distraction ou négligence — (ne pas lire, et encore moins relire). C'est à la fois le zapping et le quant-à-soi. L'esprit religieux confine à l'esprit de corps, respectueux de l'ordre établi, celui de l'individu loyal à sa patrie, qui en suit les observances et les obligations.

En réalité, la rencontre de ces deux verbes latins est heureuse en ce qu'elle combine les idées de réunion (l'assemblée) et de répétition (le rituel), de rassemblement et de recueillement. L'esprit de religion (au sens où l'on parle d'esprit de vin) consiste à faire mémoire et à faire groupe, l'un par l'autre. Un groupe consistant et résistant a besoin d'une bonne mémoire, et une mémoire vive et bien ancrée a besoin d'être encadrée par un groupe. Seul ce qui nous dépasse peut nous réunir et c'est parce que ce qui nous dépasse ne tombe pas sous le pied d'un cheval qu'il faut procéder à une soigneuse recollection de ses traces ou signes, ainsi qu'à leur incessante remise en état, en voix ou en image, par des cérémonials réglés. Un lieu de culte est un lieu de commémoration où l'on se met ensemble pour se ressouvenir.

On ne trouve pas trace du mot religion dans les archives des autres civilisations. En sanskrit, *dharma*, formé sur la racine *dhr*, « ce qui porte l'univers », signifie à la fois la voie, l'enseignement et l'obligation. C'est l'ordre cosmique, qui sous-tend la société comme la vie des individus. En hébreu, c'est le *dat*, terme de droit politique emprunté au persan, qui veut dire jugement ou décret. Là, ce que nous traduisons par « religion », c'est le système juridique d'une nation, en l'occurrence perse ou mède (le creuset persan est le grand oublié de notre histoire occidentale des religions). Le terme n'apparaît que cinq fois dans cette énorme bibliothèque qu'on appelle la Bible (à l'origine, *les* et non *le* Livre), mille années de rédaction, où il n'est pas plus fait mention de religion que de croyance : les Hébreux ne croient pas en Dieu, ils vivent avec, ce qui est plus sûr.

Aucun évangile chrétien, canonique ou non, ne parle de religion, et pour cause. Les Évangiles furent rédigés en grec, où le mot n'existe pas non plus. C'est nous qui traduisons ainsi la *thrèskeia*, le respect des prescriptions cultuelles, terme laudatif, qui a son pendant péjoratif dans la *deisidaimonia*, la crainte superstitieuse des dieux, naïve et infondée. L'attique connaît aussi *eusébia*, la piété digne d'éloge. Tous ces termes renvoient à une idée de réglementation publique, et non de disposition subjective et encore moins d'institution séparée. L'arabe classique, lui, emploie *dîn*, qui veut dire la dette, et plus largement ce dont on est obligé de s'acquitter, la créance. Le *dîn* arabe vient du pehlvi *den* (comme le *dat* hébreu). Il a pris dans la péninsule arabique le sens de coutume et d'usage, puis de direction donnée par Dieu, qui donnera à chacun son dû, le jour du Jugement. La notion connote l'obligation et la soumission aux lois promulguées par Dieu pour guider sa créature vers sa fin dernière, tenue qu'elle est de se soumettre et de s'en remettre à lui.

Le Chinois ne parle pas de religion, il nomme *tao* la « voie », marquant à la fois la marche des choses et l'emploi qui peut être fait de sa connaissance. La doctrine de Confucius, recueil de principes à la fois moraux et cosmologiques, n'est pas un credo et ne fait pas référence à sa personne. La notion d'école, fondée sur l'enseignement des ancêtres, remplace alors celle de religion. Peut-on par ailleurs parler de religion pour les « sociétés primitives » qui projetaient dans un surréel les relations unissant les vivants entre eux et les vivants aux morts ? Sans doute exista-t-il à la section des sciences religieuses de l'École pratique des hautes études à Paris une chaire intitulée « Religions des peuples non civilisés », créée en 1888, occupée par Marcel Mauss, de 1901 à 1940, puis par Maurice Leenhardt. Elle fut rebaptisée « Religions comparées des peuples sans écriture » en 1954, après que Lévi-Strauss en fut devenu le titulaire. Ce dernier tourna le dos aux « religions » pour proposer à la place, et à meilleur escient, l'observation comparative des mythes et des rituels. *Exit* religion.

L'absence du mot, là où la Croix ne nous fait pas signe, n'est pas anodine. Notre religion dans l'océan des pratiques cultuelles, c'est un archipel qui s'est annexé les continents riverains. Plus qu'une imposition de problématique, l'empiétement d'une civilisation triomphante sur des civilisations vaincues ou assimilées — du moins jusqu'au XXe siècle — qu'on peut interpréter selon qu'on est de bonne ou de mauvaise humeur comme un détournement d'héritage, un viol impérialiste ou un simple quiproquo. Aux premiers siècles de notre ère, où tout s'est joué, le bassin méditerranéen avait les moyens de se prendre et se faire prendre pour le nombril du monde, comme l'est désormais le bassin Pacifique (mais trop tard pour changer le commun lexique). Un montage symbolique exceptionnel (l'onto-théologie) s'est ainsi transformé, en catimini, en maître étalon des pratiques homologuées par la vertu d'un *quia nominor leo*. Pour une bonne moitié de l'humanité actuelle, la religion, dans l'acception que lui donne notre sens commun — à savoir : le culte exclusif d'un dieu créateur, avec magistère, profession de foi, théologie, clergé et Écritures saintes —, est une notion empruntée ; et pour les neuf dixièmes de l'humanité historique, une notion introuvable.

✧

Nos religions révélées, qui ont su, presque trop bien, canaliser nos pulsions de croyance, sont à la fois les plus élaborées et les plus intolérantes en ce qu'elles se sont attachées, non de simples sentiments moraux, mais la notion de vérité, qui est de la dynamite. Les religions païennes de l'Antiquité, comme la religion naturelle du XVIIIe siècle ou « la religion dans les limites de la simple raison », sans théologie, ne sauraient clamer partout : « Je suis la seule véritable, chez moi tout se tient, chez vous, tout brinquebale et fait fausse route. Nous ne sommes pas compatibles. » Viser l'absolu est une chose ; prétendre y être arrivé en est une autre.

Dieu, par construction, ne peut pas mentir, ni se tromper. Si ce qu'il nous a révélé ne peut être que véridique, ce qu'il a tu ne peut être que faux. Et le faux est une agression contre le vrai ; l'éradiquer est un devoir, ce qui transforme le meurtre en un acte de piété et le bûcher en un service rendu à l'hérétique. « La vérité est une et l'erreur multiple » (« il n'est pas étonnant que la droite professe le pluralisme », ajoutait allègrement Simone de Beauvoir). Ce court-circuit redoutable entre logique et morale, raisonnement et conduite, nous a rendu naturelle une idée qui semblerait barbare ou idiote à un Chinois, un Japonais ou un Indien : parce qu'on a une religion, on ne pourrait en avoir une autre. Un Japonais né en milieu shinto n'hésite pas à se marier chrétien et à mourir bouddhiste. Un Chinois han se promène en souplesse entre Bouddha, Confucius et le tao, sans avoir à renier un *-isme* pour un autre (bouddhisme, confucianisme et taoïsme sont des inventions européennes). Les temples en Chine sont la maison de toutes les divinités, l'encens ne fait pas le détail. Et un fidèle de Vishnou en Inde ne trouvera pas répréhensible de fleurir l'autel de Shiva.

On comprend dès lors pourquoi les textes fondateurs de la laïcité française ignorent le terme de religion. La République, en tant que telle, n'a pas à décider de ce qu'est ou non une religion. Ne s'estimant pas habilitée à reconnaître l'original, comment le serait-elle pour la contrefaçon ? C'est aux Églises instituées de décréter ce qui est à leurs yeux légitime ou non, mais les pouvoirs publics, en régime de laïcité, n'ont pas à endosser des décisions d'ordre théologique qui ne sont pas de leur compétence, même si l'affaiblissement des traditions et institutions établies leur transfère *de facto* ce pouvoir d'arbitrage. Et la sécularisation de nos sociétés a pour effet paradoxal de faire proliférer un religieux éclaté et diffus, hors-norme et hors-cadre, difficile à circonscrire. Raëliens, scientologues, davidiens, chevaliers du lotus d'or…

Cela dit, on aurait bien tort de s'aventurer sur un terrain mouvant où la classique distinction wéberienne entre l'« institution du salut » et le « groupe contractuel », la voie correcte et le dévoiement, pose plus de questions qu'elle n'en résout. Chacun sait qu'une religion établie est une secte qui a réussi et les Actes des Apôtres décrivent ces derniers comme « la secte de Jésus » (*hairesis*, en grec), soit un groupe dissident du judaïsme orthodoxe. Difficile à tracer, la frontière entre « la captation de consentement » et « l'abus de faiblesse psychologique » de la part d'un gourou, et « l'orientation » donnée par un confesseur ou l'emprise d'un père abbé sur une communauté. Secte vient de *secare*, couper. L'adepte d'une secte se coupe de son milieu pour suivre un chef charismatique, dans un groupe dont il ne pourrait sortir librement et qui lui impose une terrible discipline ? Certes, mais tel fut son consentement, c'est un volontaire, alors qu'un membre d'une Église l'est souvent par inertie ou simple tradition familiale.

Le sectateur d'une religion reconnue se coupe aussi de son milieu et parfois même de sa famille. Et les dures disciplines du chartreux feraient du plus rude des maîtres zen ou néopaïens un vrai papa gâteau. Il n'est pas un seul des critères de la secte donnés par le rapport parlementaire de 1996 qui ne puisse figurer (un ou plusieurs, mais non tous à la fois) dans le tableau clinique d'une organisation religieuse normalement millénariste et prosélyte, qui, elle aussi, a toujours quelque chose d'une contre-société, sans quoi d'ailleurs elle n'aurait ni attrait ni raison d'être : « La déstabilisation mentale ; les exigences financières ; la rupture avec l'environnement d'origine ; les atteintes à l'intégrité physique ; l'embrigadement des enfants ; le discours plus ou moins antisocial ; les troubles à l'ordre public ; l'importance des démêlés judiciaires ; l'éventuel détournement des circuits économiques traditionnels ; les tentatives d'infiltration des services publics. » Autant dire que l'Opus Dei n'a qu'à bien se tenir. Il est vrai que le cumul de tous ces critères, sans doute assez rare, aurait de quoi inquiéter les pouvoirs publics, mais c'est sagesse que de ne pas se lancer dans une chasse aux sorcières, pour s'en tenir au Code pénal.

Jugeant les « nouveaux mouvements religieux » sur ce qu'ils font et non sur qui ils sont, ou disent être, la République n'a d'autres motifs d'inculpation que les délits et crimes prévus par la législation : incitation au suicide, extorsion de fonds, non-respect de l'obligation scolaire... Quand un témoin de Jéhovah refuse une transfusion sanguine, il ne porte tort qu'à lui-même, et quand il refusait de prendre les armes dans le cadre du service militaire, la République avait tort — elle l'a reconnu depuis — de le mettre en prison, au lieu de lui accorder, comme elle a fini par le faire aujourd'hui, le statut d'objecteur de conscience. Le droit français ne veut connaître que des *cultes* — activités dont l'exercice n'implique aucun jugement de valeur. S'entend par culte « la célébration de cérémonies organisées en vue de l'accomplissement, par des personnes réunies par des croyances religieuses, de certains rites ou de certaines pratiques » (Conseil d'État, 1997). Deux critères de reconnaissance, donc : des rituels collectifs d'un côté, un destinataire méta-empirique ou transcendant de l'autre (astre, divinité, empereur, héros, fondateur, diable, etc.).

Voilà qui nous met sur la bonne voie.

Premier critère : une religion ne se caractérise pas par le fait de croire, mais par le fait de se réunir au nom d'une croyance. Pas plus qu'il n'y a de langue d'un seul, il n'y a de culte d'un seul. Le fidèle d'une confession, quelle qu'elle soit, révélée ou séculière, s'intègre à une communauté, quand un spirituel peut faire un promeneur solitaire ou même un tire-au-flanc. Le religieux dit nous. « Donne-nous aujourd'hui notre pain de chaque jour. » Et au Notre Père chrétien, répond la *Fatiha* musulmane : « C'est Toi que nous adorons, c'est de Toi que nous implorons le secours. »

L'exercice religieux est extraverti, l'expérience spirituelle, intérieure. Elle se décline à la première personne, c'est le témoignage d'un « je », et d'ailleurs les grands textes spirituels, Jean de la Croix, Thérèse d'Ávila, Pascal, sont des épanchements ou de retranchements intimistes — autobiographies, confessions, ou lettres. Le spirituel détache, la religion rattache. La religion, c'est une foi qui produit un calendrier, un planisphère, une diététique, une garde-robe, des festivités, bref, c'est ce qui scelle une appartenance et insère dans une lignée. D'ailleurs *Ecclésia,* c'est assemblée et synagogue, la traduction en grec de *bet knesset,* la maison de réunion. Congrégations, confréries, sociétés, fraternelles, compagnies, ordres, etc. : autant de collectivités dont chacune incarne un certain esprit de corps.

En termes prosaïques, le spirituel se prépare à la mort, le religieux prépare les obsèques. L'un a le souci de son âme, l'autre prend soin des corps et l'un n'a pas forcément besoin de l'autre. On peut croire en solo sans appartenir, et appartenir sans croire, pour être au chaud ou rendre service. Dans une société pulvérisée comme la nôtre, qui rêve d'un individu totalement autocentré et voit dans toute institution une oppression, les spiritualités ont repris le dessus. Elles roulent pour notre ego, notre « accomplissement personnel ». Elles n'exigent de nous ni discipline ni connaissances.

Le consumérisme utilitaire en fait ses choux gras, avec vade-mecum, stages et séminaires qui rivalisent en aménités et engorgent le marché du bonheur. Les recettes pour être bien dans sa peau et dans sa tête, de la cuisine macrobiotique au néobouddhisme, de la méditation aux stages bioénergétiques, de *La Guérison par les fleurs* au mystico-ésotérique, exigent assez peu et rapportent beaucoup. Elles peuvent même, présentées comme « sagesses de vie », s'entourer, pour attirer le client, d'un halo de religiosité. L'élévation sans l'obligation, c'est la crème sans la pâte. Idéal pour un récepteur négligent, mais qui va droit à l'utile et au bénéfice immédiat. Conclusion pour nous : ne pas confondre les emplois, distinguons entre le religieux et le spirituel, soit le choriste et le ténor.

Deuxième critère : des pratiques centripètes. Il y a des religions sans orthodoxie, il n'en est pas sans orthopraxie. Un bon système de croyances ne suffit pas, il faut aussi les bonnes conduites, c'est-à-dire les rites réguliers et régulés qu'implique toute liturgie (en grec, le service du peuple). Une théologie sans liturgie, cela ne fera jamais qu'une philosophie de plus, qui ne concerne pas, ès qualités, le préfet de police. Le religieux, en revanche, concerne les pouvoirs publics, même en régime de laïcité, puisqu'ils ont à veiller sur l'ordre public. Non sur ce que les gens croient ou pensent, mais sur ce qu'ils font. Il existe, au ministère de l'Intérieur, un Bureau central des cultes (rattaché à la Direction des libertés publiques et des affaires juridiques) qui ne se soucie guère, et avec raison, de nos options spirituelles privées.

De même existe-t-il un atlas, une carte électorale, une sociologie des religions, non des spiritualités. Et pour cause s'il ne peut y avoir religion sans un certain marquage de l'espace, ni une certaine scansion du temps, rythmé par des cérémonies et des fêtes. Un culte est une patrie, grande ou petite. Il est moins professé qu'habité et cet habitat, avec ses prescriptions individuelles et communautaires, est un englobant. La demeure islamique, par exemple, a ses cinq piliers : la *chahada*, le témoignage, l'*asalat*, la prière, le *zakat*, l'aumône, le *siam*, le ramadan et le *hajj*, le pèlerinage. Ce balisage de l'existence est une des raisons pour lesquelles a été, est et sera toujours déçu, pour reprendre les mots de Julien Gracq, « l'espoir vain sur lequel ont dormi trois siècles d'un sommeil traversé de crises somnambuliques, l'espoir vain d'une réduction définitive de l'irrationnel par le rationnel ».

L'opposition du vrai et du faux mord difficilement sur des pratiques qui offrent mieux et plus qu'un cadre de pensée personnel : un cadre de vie solidaire. L'homme n'est qu'en partie un être raisonnable, il est non moins éminemment *maisonnable* (Robert Damien). C'est un être d'habitudes, et les religions établies lui offrent, en plus d'un oculus sur l'au-delà et le Jugement dernier, une maison de famille où s'installer, ce que ne saurait offrir un manuel de mathématiques ; un agenda plein du matin au soir ; des repères et des obligations ; vêtement, menu, démarches, ablutions, autant de sécurités pour un être naturellement insécure. Une demeure qui nous construit autant que nous la construisons, où les règlements de copropriété ont réponse à tout, parce qu'ils couvrent le tout de notre destinée, de la naissance à la mort et même après, alors qu'il n'y a pas de science globale.

Cette offre de cohérence est rassurante, tandis que l'esprit scientifique est plein de courants d'air, toujours révisable, donc déstabilisant. Il était naïf d'attendre du seul progrès des connaissances scientifiques une régression des pratiques disons magico-religieuses ou « superstitieuses ». Roger Vailland, écrivain communiste de passage à Rome en 1950, s'est rendu au Vatican par curiosité, pour voir de ses yeux, écrit-il, en la personne de Pie XII, le dernier pape. Les fidèles du matérialisme scientifique étaient alors certains de mettre la religion au musée. Cinquante ans plus tard, c'est la religion qui les a mis, eux, au musée. Et c'est le pape François qui défend avec le plus de succès la cause des prolétaires et des migrants.

On ne détruit que ce qu'on remplace, et le socialisme ouvrier n'est pas parvenu à faire perdurer une maison du peuple pourvoyeuse d'entraide mutuelle et d'estime de soi. On peut le regretter, mais c'est ainsi. Jaurès, à la Belle Époque, aurait sans doute bien voulu voir transcroître une idéologie rationnelle en un refuge habitable, lui qui a écrit : « Je ne conçois pas une société sans religion, comme sans des croyances communes qui relient toutes les âmes en les rattachant à l'infini d'où elles procèdent et où elles vont. » Il eût sans doute été consterné par l'actuel triomphe de l'économisme, l'allié numéro un des fanatiques et des obscurantistes, chez ses arrière-petits-enfants qui osent encore, vaguement, se réclamer de lui. Ce qu'on appelle le retour du religieux, ne l'oublions pas, sanctionne l'échec des systèmes laïques d'assurance-vie à pallier l'« insoutenable légèreté de l'être ». Quand les partis et les associations ouvrières ne sont plus là pour fournir les sécurités requises, à la fois matérielles et morales, la détresse sociale et psychique se retourne tout naturellement vers ses refuges ancestraux, qui ont de la patine et du savoir-faire.

Pensons notamment, au sein même de la postmodernité libérale, au formidable réveil, à l'expansion tous azimuts, chez les plus déshérités, de la mouvance évangélique, aux multiples dénominations. Elle a quitté l'Amérique du Nord pour embrasser les masses d'Amérique centrale et latine, gagner l'Afrique et l'Asie, ainsi que les populations immigrées en Europe. À l'enseigne du Saint-Esprit, la veine évangélique, sur un mode émotionnel et fondamentaliste, met l'esprit d'un monde sans esprit à la portée des plus humbles.

✧

Les travailleurs de la preuve, en général, n'aiment guère la religion, et on les comprend, car elle les a trop empêchés de penser en paix et librement pour leur donner envie de la penser, elle. Sa critique, pensons à Lucrèce et à son *De natura rerum*, c'est un peu le ticket d'entrée dans la classe supérieure. Le rejet a toujours de quoi faire, au vu des flots de sang qu'ont pu, et continuent à, faire couler les dieux dans la Cité. Mais les philosophes, qui sont des gens probes et rationnels, ne peuvent pas, malgré leur répugnance on ne peut plus explicable, ne pas se poser *in fine* la question : d'où vient-il, ce charme enchaînant, et pourquoi ça dure jusque dans l'âge adulte, cette maladie infantile dont il serait grand temps de guérir (chaque système philosophique a son ordonnance pour ce faire) ? On peut, en simplifiant à outrance, distinguer trois familles d'esprit, trois généalogies putatives lorsqu'il s'agit d'expliquer rationnellement l'émergence et la résilience en pleine société civilisée de cette déraisonnable attraction.

La première voit la religion comme un effet dans la conscience des rapports sociaux, appelons cela la *sociogenèse* du religieux. Dans cette perspective, c'est mal parti, certes, mais rien n'est fichu. Lorsqu'il sera mis fin à l'ignorance des lois de la nature, dit Lucrèce, à l'aliénation, dit Feuerbach, à la société de classes, dit Marx, eh bien, la fantasmagorie s'évanouira d'elle-même. Il y a une deuxième famille qui réunit les tenants de la biogenèse, où l'on voit Nietzsche, pour qui la religion penche du côté de la mort, se disputer avec Bergson, pour qui retrouver la religion exige de replacer l'homme dans l'ensemble des vivants et la psychologie dans la biologie. Et puis enfin, il y a les tenants de la psychogenèse, dont Freud est le plus illustre : « Je pense en effet que, pour une bonne part, la conception mythologique du monde, qui anime jusqu'aux religions les plus modernes, *n'est autre chose qu'une psychologie projetée dans le monde extérieur* » (*La Psychopathologie de la vie quotidienne*, 1901).

L'Avenir d'une illusion est l'analyse d'une névrose universelle (« qui dispense tout un chacun de la tâche de former une névrose personnelle »). Freud extrapole d'une pathologie individuelle à une normalité sociale. Les délires de masse auraient leur source dans le désemparement infantile (la *Hilflosigkeit*), lui-même naturellement ancré dans la prématuration biologique, cause du sentiment d'impuissance de l'enfant et donc de la quête perpétuelle du Père et de figures sécurisantes. Pourtant, il y a un espoir freudien : « Si la religion est comparable à une névrose d'enfance, il est permis d'être suffisamment optimiste pour supposer que l'humanité surmontera cette phase névrotique, comme tant d'enfants dépassent, en grandissant, leur névrose qui est similaire. »

C'est donc celui des trois qui peut laisser le plus d'espoir à un rationaliste bon teint pressé d'en finir avec ce vieux collage, qui à ses yeux empêche notre émancipation et un tranquille retour à la réalité réelle, à la vérité vraie. Sans trop réfléchir à ce curieux et assez embarrassant phénomène, quand ce qui permet de faire corps se met à faire colle — Église, parti, journal, syndicat, Académie —, les bons esprits se décollent ou s'arrachent, mais pour constituer assez vite un autre corps, qui ne tardera pas à faire colle à son tour. Et ainsi de suite.

Les étoiles qui s'éteignent au firmament ont depuis un siècle ou deux une fâcheuse tendance à se rallumer au ras des pâquerettes : nos religions séculières qui ont tourné le dos au Ciel, n'ont-elles pas constitué des cultes dignes de ce nom, avec liturgies, missels et demi-dieux (Führer ou Duce) ? Il est un trait qui devrait inquiéter les optimistes de la sécularisation : la prime à la transcendance en matière de longévité et consistance. Les religions séculières ou politiques ont la vie courte. Elle se calcule en siècles, un ou deux, pour la religion républicaine, en demi-siècle pour le communisme, en une ou deux décennies pour le fascisme. Plus l'Entité adorée est évasive, et haut perchée, plus son culte est stable, et séduisant. Dieu recrute mieux et plus que la patrie, l'histoire ou la raison.

La sortie du religieux, qu'on la juge enviable ou non, est-elle une chose envisageable ? À l'échelle individuelle, c'est évident — il nous suffit de nous replier sur notre Aventin ou de fermer les écoutilles. Ce genre de quant-à-soi se pratiquait fort bien sous l'Antiquité (Lucrèce, Épicure, les cyniques) et même sous notre Ancien Régime (les libertins). Ces séparatistes, qui ont les moyens de l'être, constituent aujourd'hui la majorité silencieuse de maints pays occidentaux. On peut douter en revanche que la notion puisse s'extrapoler à l'échelle des peuples et des nations, surtout quand leur survie est menacée, pour autant que le principe de cohésion des groupes sociaux relève inéluctablement d'une croyance partagée, qui rend toute communauté en puissance de mythe et en quête de frontières.

Les augures qui voient cette extinction du religieux inscrite dans le devenir démocratique, on ne saurait leur reprocher de prendre leur désir pour la réalité, ce que nous faisons tous, et que font les croyants certains de voir sous peu le Messie de retour, et mieux encore, si l'on peut dire, les djihadistes qui tiennent le suicide pour une délivrance, ouvrant les portes du paradis avec ses soixante-douze vierges. Il est plus probable qu'ils infèrent de l'affaiblissement de l'institué (patent en Europe de l'Ouest) à celui de l'instituant. Ou encore qu'ils voient dans la disparition d'un *dispositif* de croyance établi, celle d'une *disposition* (à croire tout ce qu'on voudra). Les végétaux se fanent, l'humus, en dessous, reste fertile.

Cette prédisposition innée, appelée religiosité, a ses bonnes et mauvaises saisons, et des fruits variés qui vont de l'illuminé en haut au jobard en bas, de la sublime voyance à « l'oblique génuflexion des gens pressés ». Ce n'est rien moins ou rien de plus qu'une propriété essentielle de l'esprit humain, à savoir notre aptitude à la symbolisation, ou si l'on préfère, plus simplement, à la pensée par analogie. Elle est propre au singe nu qui a la parole, et le langage a pour vertu, ou défaut, ou les deux, de rendre présent ce qui ne l'est pas ou, si l'on préfère, de faire exister dans notre tête des choses ou des êtres qui n'existent pas en réalité.

L'animal humain est ainsi câblé qu'il ne peut s'empêcher d'affabuler, d'embellir et de fantasmer, de mettre le visible en correspondance avec un invisible, un ici avec un ailleurs, un maintenant avec un hier ou un demain, en sorte que toute chose vue, sentie ou entendue le renvoie à autre chose. Le bougre ne peut empêcher ses yeux de voir double et son ouïe d'entendre des sous-entendus. Ce qui nous rend plutôt pénible — et même ascétique — de voir les choses comme elles sont, et nous-mêmes tels que nous sommes, à quoi nous entraîne l'ascèse scientifique, mais dont nous éloigne une certaine incapacité à nous contenter sans rechigner du sort qui nous est fait et du réel à l'état brut.

C'est heureux, parce que s'il fallait nous en tenir strictement à ce qui est, sans imaginaire ajouté, le monde alentour perdrait son aura, voire toute signification à nos yeux ; et c'est malheureux parce que cela nous inspire un sentiment radical de frustration et d'insuffisance. À quoi s'ajoute la substance fiduciaire de nos communautés, où c'est en délirant, un peu, beaucoup, passionnément, que les hommes se relient le mieux les uns aux autres. N'est-ce pas ce que nous avons de meilleur en nous, cette capacité de dire non à ce que nous avons sous la main ou devant les yeux ? La clé de toute abnégation possible ? Les hommes ne sacrifient leur vie que pour des choses dont ils ne sont rien moins que sûrs. C'est d'ailleurs pourquoi le martyre n'est preuve de rien, pas plus qu'une bonne démonstration n'oblige à une bonne conduite. La raison acquiesce, certes, et après, quoi ? Grave question.

Anciens ou actuels, païens ou chrétiens, les lieux de culte qui attestent d'un grand concours de peuple sont liés à la santé, à l'hygiène et à la médecine des corps malades. Ce n'est pas seulement Lourdes aujourd'hui, c'étaient les sources de la Seine, cette oasis de verdure en Haute-Marne transformée en sanctuaire par les Gallo-Romains. On y a retrouvé des statues de naïades, des cornes d'abondance, nombre d'ex-voto anatomiques en bois, en bronze ou en pierre, et d'objets votifs — des pieds, des seins ou des oreilles, pour remercier d'une guérison ou l'implorer. Des milliers de pèlerins venaient y faire leurs ablutions, et présenter des offrandes à la déesse Séquane, d'où vient notre Seine. Pourquoi ? Parce que l'eau est la source de la vie, et que son manque signifie la mort. Parce qu'on s'immunise et se purifie en se lavant. Parce que l'hygiène y gagne, avec l'humilité : Jésus lave les pieds de ses apôtres.

Les ondes sont rédemptrices, et les sources sacrées, celles de la Seine, du Gange comme du Jourdain. Propices aux bénédictions, aspersions et immersions. L'instinct de conservation — qui sous-tend les diverses religiosités mondiales — fait un sort particulier à tout ce qui, dans la nature, symbolise le don de vivre et de renaître, hydrater, réchauffer, fleurir — le feu, l'arbre, l'eau. Dans le Grand Catéchisme de l'Église catholique (786 pages), le mot *science* apparaît huit fois et de façon péjorative ; le mot *vie*, trois cents fois. La lutte pour la régénérescence n'est pas un vain combat, et on peut lui pronostiquer un bel avenir — que ce soit avec ou sans Dieu. Tout se passe comme si la vie avait été proclamée d'origine divine par nos ancêtres pour éviter que le divin ne fût reconnu d'origine vitale, ce qui eût sans doute à leurs yeux dévalué leur dévotion.

Quelqu'un posait la question : quel est le noyau originaire des religions ? C'est la célébration de la fertilité, l'exaltation du génératif. Vie *égale* Amour *égale* Union. Trois thèmes à la fois poétiques et rigoureux reliés au moyen d'un trait d'union symbolique, dont un biologiste peut sans doute donner, avec ses mots à lui, une traduction véritablement scientifique.

« Dieu est mort, a écrit Jean-Paul Sartre, mais l'homme n'est pas, pour autant, devenu athée. Ce silence du transcendant, joint à la permanence du besoin religieux chez l'homme moderne, voilà la grande affaire aujourd'hui comme hier. » En d'autres termes, tant qu'il y aura sur cette terre des bipèdes insécures, croyants ou non, avec ou sans Dieu, qui ne lâcheront pas le morceau, notre incoercible religiosité continuera de nous aider à nous tenir droit et constant dans notre vouloir-vivre et en même temps à nous faire prendre des vessies pour des lanternes. Il y a en somme autant de raisons de se plaindre de cette prédisposition que de s'en féliciter. Impossible, en tout cas, de ne pas faire avec, ce qui exige, de notre part, autant de marques de respect que de précautions à observer.

Ont été mis en place pour les sciences des comités d'éthique où figurent des religieux. Ne pourrait-on en installer pour les religions, où figureraient aussi des agnostiques ?

10

Que faut-il entendre par Dieu ?

Le Dieu unique est un tard venu dans l'histoire des religions, beaucoup d'entre elles, encore aujourd'hui, s'en passent aisément. On a beau le dire mort, il continue d'exercer en de nombreux points du globe. L'ignorer serait prendre le risque d'ignorer l'être humain, son inventeur, dont il exprime et sublime les ambivalences.

Dieu, puisqu'il faut bien prononcer son nom à voix haute, est un sujet à risque. Blasphème et sacrilège ayant été rayés de notre Code pénal, immunité exceptionnelle en Europe, il est certes moins foudroyant à Paris qu'à Alger ou à Téhéran, mais l'aborder sans précautions de langage particulières, comme un sujet d'étude parmi d'autres (et certes plus intéressant que d'autres), peut toujours blesser ou choquer un auditeur ou un lecteur ; les fidèles comme une impiété, les incroyants comme une bigoterie.

Dans un pays où une Section des sciences religieuses a pu s'installer dès 1887, non dans une faculté de théologie, mais à l'École pratique des hautes études, sanctuaire de la laïcité républicaine, qu'il nous soit permis d'ouvrir le divin dossier sans bonnes ni mauvaises intentions, sans souci d'instruire à charge ou à décharge. Juste pour en savoir un peu plus sur ce grand vieillard imposant et barbu (ainsi peut-on chez nous le représenter, depuis le XIIIe siècle) dont tant de choses et d'événements contemporains procèdent et dépendent.

Précisons d'abord de qui l'on va chercher à brosser le profil ici. Non d'un principe ou d'une catégorie, mais effectivement d'un sujet. De Dieu avec une majuscule, celui de Jérusalem, et non du dieu des philosophes, qui est un axiome, au mieux un horloger, mais sans papiers d'identité ni certificat de naissance. Dieu sans l'article (*le* dieu ou *un* dieu), c'est une Personne, qui émerge dans le Croissant fertile, entre l'Irak et l'Égypte d'aujourd'hui, affublé d'un nom propre, Yahvé — écrire *Yhwh*, un tétragramme (pas de consonnes dans le premier alphabet). On aurait pu penser qu'il n'en avait pas besoin, Jéhovah, étant, par définition, seul de son espèce, mais, à son époque, comme il y avait beaucoup d'homonymes dans la région, la concurrence était forte, et il devait se distinguer des voisins, dont son nom originel garde au reste l'empreinte — *Élohim* est un pluriel (*El* désignant le dieu en général), *Adonaï* aussi. Le Dieu hébraïque, créateur unique du ciel et de la terre, n'en reste pas moins une innovation, un saut qualitatif dans le défilé des démiurges, même s'il put être associé à ses tout débuts au très vieux dieu solaire (le soleil, créateur de la vie), et même se faire figurer avec une femme à ses côtés.

Le terme monothéisme, soyons clair, ne figure pas dans l'Ancien Testament (pas plus que religion dans le Nouveau), mais c'est bien le dieu d'Abraham qui inaugure l'ère monothéiste, en ancêtre commun aux trois peuples du Livre. À ne pas confondre avec l'hénothéisme de l'Antiquité classique. Notre Dieu universel et transcendant, ce n'est pas le *Un* platonicien, ni la cause des causes d'Aristote. Une entité intelligible, une intelligence contemplative, un principe impersonnel et abstrait ne demandent que l'acquiescement, non l'adhésion et la transe encore moins.

L'hénothéiste, ou le déiste, est un homme tranquille : il peut contempler le Premier Moteur immobile sans émotion, avec les seuls yeux de l'intelligence. Notre Seigneur Dieu, lui, ne se contente pas de créer le monde pour aller se reposer ensuite et nous tourner le dos. Il fait le suivi et nous met en demeure. Le Dieu interventionniste et volontiers dramatisant qui nous occupe, c'est l'Infini qui dit *moi-je* et, de surcroît, qui pense à nous. Il allie deux qualités a priori incompatibles : la transcendance et la proximité.

Le Créateur est radicalement distinct du et supérieur au monde créé. Mais il m'est possible de l'interpeller, dans un rapport intime de personne à personne. Ce dehors absolu nous parle du dedans. Il nous entend, nous voit et nous console — et on peut s'adresser à lui non seulement par un datif cérémonieux, *Deo gratias*, mais par un vocatif, plein de reproches : « Mon Père, pourquoi m'as-Tu abandonné ? » Remercier le soleil sous le nom d'Aton, créateur de la vie, le pharaon égyptien Akhenaton pouvait le faire, comme l'atteste son hymne gravé dans l'albâtre ou encore l'*Hymne à Zeus* du stoïcien Cléanthe, mais tutoyer un peu rudement l'absolu, c'est bel et bien une révolution dans l'histoire de l'esprit.

Procédons maintenant par ordre, une pièce après l'autre. Ce Dieu majuscule n'est pas né de rien, ni n'importe où. Il a une histoire ; il a une écologie ; il a une logistique ; il a un médium. Il a aussi certains problèmes à résoudre, d'ordre intellectuel. Et des responsabilités, d'ordre historique.

L'affaire, on le voit, n'est pas simple.

L'historique, d'abord. Car l'Éternel n'a rien d'éternel. Celui qui est entré dans l'histoire des hommes a lui-même une histoire, toute fraîche. Dieu est un tard venu dans le ciel des entités célestes. *Homo sapiens* a à peu près cent mille ans d'existence (l'âge des premières sépultures), et Dieu à peine plus de deux mille cinq cents ans. C'est un parachuté de dernière minute sur les terres de *sapiens*, y compris sur celles du peuple hébreu. Il en est fait mention pour la première fois en Égypte, sur la stèle du pharaon Mineptah, vers 1200 av. J.-C. (sous le nom de Hapiru, d'où vient probablement hébreu).

Cette tribu fut d'abord, comme les autres, polythéiste, puis monolâtre, avec un dieu national identitaire (lequel en tolérait d'autres, chez les peuples voisins), avant d'embrasser la cause d'un Dieu à la fois universel (le même pour tous les peuples) et singulier (ayant conclu une alliance avec lui seul). Celui-ci a émergé entre le VIIe et le VIe siècle, entre le règne réformateur du roi de Juda, Josias (640-609), et l'exil à Babylone (– 587). Sa première apparition incontestable remonte au Deutéro-Isaïe (les derniers chapitres du livre d'Isaïe), rédigé au retour des Judéens captifs à Babylone, après leur libération par le Perse Cyrus II (– 538).

Dieu le Père fut l'enfant triomphant d'une catastrophe humiliante, la destruction du royaume de Juda et, précédemment, du temple de Salomon par Nabuchodonosor en – 587. Son approche pourrait déjà remonter à la prise de Samarie par les Assyriens en – 722. C'est donc le produit d'une longue construction rédactionnelle, ou plus exactement d'une reconstruction *ex post ante* par une élite captive à Babylone et qui a voulu s'expliquer le pourquoi de sa défaite en réécrivant son passé, en s'inventant à titre rétrospectif un Dieu protecteur aussi puissant et terrible que le grand dieu babylonien Mardouk, avec lequel elle avait fait alliance. Et c'est pour avoir rompu ce pacte d'alliance que sont intervenus la punition divine et l'envoi en exil de ses fidèles pour cause de désobéissance.

Cette terrible mésaventure est consignée dans le Deutéronome, non sans quelque mégalomanie propre à réparer une honte nationale. Dieu, dès l'origine, dès Moïse interpellé par le Très-Haut tandis qu'il fait paître le troupeau de son beau-père, pourrait se comparer, dans le langage d'aujourd'hui, à un combattant suprême anti-impérialiste — antiégyptien, antiassyrien, antiphilistin. Un remontant moral. Un secouriste pour sombres temps. Un étendard brandi par le faible face au fort. Un moyen de réunification géopolitique en interne (des deux royaumes d'Israël et de Juda, nord et sud) et un moyen de dissuasion stratégique propre à effrayer l'ennemi sur le champ de bataille. C'est donc un dieu d'orage, de colère, de combat, pour qui l'attaque est souvent le meilleur moyen de défense. Un dieu viril devenu célibataire sur le tard et qui n'a pas d'enfants — contrairement à son successeur chrétien —, mais qui a, c'est attesté par des pièces de monnaie, des graffitis et des sceaux, une épouse, une parèdre, Asherah, une proche parente d'Astarté et de la reine du Ciel adorée avant l'Exil dans le royaume de Juda.

Ensuite, il y a un habitat, un milieu à la fois humain et physique. Les empires mésopotamiens, comme les cités grecques — pour s'en tenir au premier millénaire avant J.-C. —, avaient des protecteurs, bien sûr, mais sédentaires et citadins, sur leur acropole. On les appelle des dieux poliades, de *polis*, la ville. L'omniscient, lui, n'est pas un citadin. Il fraye dans les montagnes, les steppes et les déserts, la forêt lui répugne (en Afrique, elle reste animiste). La métropole aussi, avec ses fonctionnaires. « Je te conduirai au désert et parlerai à ton cœur » (Osée, 2, 16). Le roi loge en ville, le prophète au désert, avec les anachorètes, là où il n'y a ni prêtres, ni percepteurs, ni soldats. C'est en périphérie que les tables de la Loi sont octroyées, que les Hébreux errent pendant quarante ans, que le Baptiste baptise et que Jésus se retire pendant quarante jours...

Moïse, dont il n'existe aucune trace historique en dehors de la Bible, rencontre Dieu pour la première fois au milieu des cailloux, sur le mont Horeb (Sinaï). La ville et ses fastes confrontent l'homme à l'homme, c'est Babylone, le siège impur du pouvoir, où se pavane l'Antéchrist. Le désert et son dénuement ouvrent à l'Autre avec un grand A. Il incite à lever la tête, à trouver l'interlocuteur au-dessus puisqu'il n'y en a pas à côté. Non que le monothéiste soit un taiseux, au contraire, c'est un homme de parole, mais quand on n'a personne avec qui parler et qu'on n'aime pas rester seul, eh bien, on devient un peu ventriloque, on fait parler le Grand Autre.

Qu'il parle hébreu, araméen ou arabe, Yahvé, comme Allah, se fie et se confie aux métèques, aux modestes et non aux pansus, aux assis, aux installés. « Le désert est monothéiste ; sublime dans son immense uniformité, il révéla tout d'abord à l'homme l'idée de l'infini, mais non le sentiment de cette vie incessamment créatrice qu'une nature plus féconde a inspiré à d'autres races. Voilà pourquoi l'Arabie a toujours été le boulevard du monothéisme le plus exalté » (Ernest Renan).

Il y eut aussi, dernière et décisive condition de naissance, une révolution symbolique, d'ordre logistique. L'idée d'un dieu universel fait si peu partie du bagage génétique des mammifères humains qu'ils ont pu vivre sans elle durant le plus clair de leur existence, et continuent de le faire, en Chine, en Inde, au Japon et en de nombreux autres lieux sur la planète. Pour qu'une telle émergence ait pu se produire, il a fallu que l'homme s'affranchisse de la nature brute grâce à deux conquêtes, deux innovations techniques, l'élevage et l'alphabet, la domestication des quadrupèdes et l'écriture alphabétique, dont la combinaison, miraculeux hasard, a mis la fusée monothéiste à feu.

L'errance d'Œdipe, chassé de sa ville, Thèbes, en fait un renégat : quitter son lieu d'origine, dans le monde grec, c'est renier son dieu. L'Exode, quarante ans dans le désert, approfondit une fidélité. Avec le rouleau de papyrus, et un dieu pour ainsi dire déshydraté, lyophilisé et ensaché, donc allégé, plus besoin d'autels, on peut garder sa foi en perdant son temple. On a le téléphone sans fil avec le Ciel. L'exil n'est plus une mort civique, ni le bannissement la plus terrible des sanctions. Au contraire, c'est un stage de purification qui débarrasse le transcendant de ses scories institutionnelles, et le rend à lui-même. Un monothéiste peut emmener Dieu à la semelle de ses sandales, en tirant sa monture après lui, son Éternel en selle, quel que soit l'itinéraire. Double décollage migratoire : par l'alphabet et le quadrupède, l'âne hébraïque, et plus tard, le cheval islamique.

Les Hébreux, ces éleveurs et pasteurs en milieu semi-désertique, furent les premiers à pouvoir emmener leur céleste parrain avec eux. Ce qui n'eût pas été possible sans la domestication des camélidés, exploit et spécialité des Madianites, nommément mentionnés dans la Bible : « À toi la puissance des nations, les chameaux afflueront chez toi, et les petits venus de Madian, chargés d'or et d'encens, colporteront la louange de Yhwh » (Isaïe, 60, 6). Ces peuplades semi-nomades furent en effet traversées par Moïse à sa sortie d'Égypte, et c'est au milieu d'elles que son dieu l'a interpellé. Mais c'est la combinaison du quadrupède — Victor Hugo a donné pour titre à son grand poème théologique *L'Âne* — et d'un nouvel alphabet qui s'est avérée des plus prometteuses. Propulsée par l'écrit, sur un support souple (papyrus ou parchemin), une mythologie orale et vernaculaire peut alors se muer en un foyer transversal ou une mouvance transfrontière.

Pour se déplacer, commencer par se désencombrer. Ce dieu nouveau peut se transformer à sa guise en courant d'air et en arc-en-ciel parce qu'il a remplacé le choc des images par le poids léger des mots. Dans l'évolution des systèmes de notation d'abord, avec le passage du pictogramme à l'idéogramme, puis au phonogramme (le signe note un son). Dieu décroche du monde sensible grâce à un outil qui permet de décomposer, de *discrétiser* le continu d'un flux sonore au moyen de signes conventionnels et non motivés (ni des pictogrammes ni des idéogrammes, qui imitent encore l'apparence naturelle des choses), soit un code standard susceptible de faire exister, mentalement, des choses qui n'existent pas concrètement en les coupant de leurs conditions d'énonciation pour les rendre inconditionnées. Ce système amincissant d'inscription — une trentaine ou une vingtaine de caractères —, c'est facile à apprendre, à mémoriser, à conserver et à réciter. Un tournant dans notre ascension collective du molaire au moléculaire, puis au corpusculaire, jusqu'à la vitesse de libération numérique.

L'humanité avance en compactant son paquetage — supériorité de la pochette sur la poche, de la sacoche sur la valise, du in-12° sur le in-4°, du tract sur l'enseigne, du flyer sur le tract. Le dématérialisé est l'ami du surnaturel. Ce *less is more* divin a tiré le meilleur parti de la règle du minimax, ou augmentation de l'être par diminution de taille et de poids, car c'est en devenant presque rien que ce dieu portatif a pu devenir presque tout et se faufiler partout.

Le polythéisme est à l'échelle un, le monothéisme est un modélisme. Et la course au diminutif ne s'est pas arrêtée là. L'islam a poursuivi sur cette lancée et mis Allah en accès libre, en le délestant des complexités trinitaires du culte chrétien, de ses lourdeurs cérémonielles, de ses intercesseurs cléricaux — donc, mobilité accrue et conversion bien plus aisée (une simple récitation). Et ensuite, avec la Réforme protestante, qui réduit l'équipement liturgique, immobilier et décoratif au strict minimum. Du protestantisme, dans toutes ses variantes, on peut dire qu'il a libéré Dieu de la religion (ce serait plutôt lui, et non le catholicisme, la religion de la sortie de la religion), en le délestant de ses intermédiaires professionnels (tous prêtres). Et nous voilà maintenant avec un Dieu *cyber*, suite à la révolution numérique, où le croyant peut accéder directement et de n'importe où à la Source suprême, sans besoin d'une qualification quelconque pour choisir et interpréter le bon verset parmi les cent quatorze sourates du Coran (l'innovation n'étant pas des plus heureuses, au regard de l'ordre public).

Yahvé avait déjà fait à Moïse un cadeau utile en lui communiquant, tel un kit de survie théologique, la notice Ikea d'un sanctuaire mobile et démontable pouvant accompagner ses protégés dans leurs pérégrinations : le tabernacle, une arche en toile, placée sur un chariot tiré par des bœufs avec deux perches pour la monter à l'étape, et un coffre (ou deux) contenant les rouleaux sacrés soigneusement enveloppés d'un tissu de lin (et aujourd'hui de velours). La statue pousse au statique, elle cloue le fidèle à son sol natal, là où sont les temples et les autels de pierre. Jusqu'à ce *Deus ex-scriptura*, les dieux étaient en résidence forcée, idoles poussives, sans délocalisation aisée. Le Dieu littéral, lui, est un SDF alerte et bondissant, bon pour toutes les métamorphoses de pays en pays.

Le monothéisme connaîtra plusieurs vagues, chacune disqualifiant la précédente, l'accusant d'avoir truqué ou mal compris le message. Toute nouvelle religion procède d'une activité fractionnelle, c'est la fille ennemie de son père ; et puis, l'hérésie tourne à l'orthodoxie. Yahvé a fondé une dynastie revêche, pleine de suspicions et de ressentiments. Le chrétien avec son Dieu trinitaire, ses saints et sa Vierge Marie est, encore aujourd'hui, aux yeux du juif orthodoxe, un polythéiste des plus douteux qui a rechuté dans le paganisme ; et l'islam est par bien des côtés une hérésie du judaïsme, un judaïsme moins l'élection, donc élastique et expansif.

La lignée a continué d'élargir son fief et son emprise en se dotant d'une croissante facilité de transport et d'accès, jusqu'à l'ubérisation actuelle du Très-Haut. Pour reprendre la question logistique : au début était le sac, puis vint le panier, et enfin le caddie (normal, dans une société de marché, où le self-service est de rigueur). Le Dieu-sac était sévèrement fermé (par une appartenance ethnique), il faut être juif par le sang pour y accéder. Le Dieu-panier, celui du chrétien, a un couvercle, le clergé, qui l'entrouvre sous certaines conditions, mais où n'importe qui peut venir y puiser : la conversion n'a cure de l'origine des convertis. Le caddie évangélique, lui, est à portes ouvertes et relève du self-service. Le *born again* le remplit à sa guise.

Chaque formule a ses atouts. Le Dieu du judaïsme est un peu à l'étroit, ce qui fait sa force et aussi sa limite ; le Dieu catholique a fait le mur, il a gagné l'Empire romain, puis tout l'Occident. Le Dieu réformé est un prestataire de services d'humeur libéral, un père qui n'exige pas qu'on ait l'Église pour mère (23 % d'Américains n'appartiennent à aucune Église, mais 90 %, paraît-il, croient en Dieu). Les Amish, piétistes et anabaptistes, y trouvent leur compte. Et il y a aujourd'hui deux fois plus de missionnaires protestants de par le monde que de catholiques, notamment en Chine, en Corée du Sud et en Sibérie. Quant à Allah, il est d'une mobilité saisissante, qui jouxte l'insaisissable. Intransigeant et rigide dans ses préceptes, mais s'adaptant à tous les milieux socio-culturels.

Enfin, notre Dieu jaloux se distingue des précédents par le médium qui lui a permis de voyager léger jusqu'aux lointains confins, de traduction en traduction : le manuscrit, puis l'imprimé. « Ce grand *mot* ténébreux tout gonflé de clarté », c'est ainsi que l'appelait Hugo, fort justement, car avec Lui, au départ, il n'y a rien à voir, seulement à dire ou à lire. Un patriarche sans représentation anthropomorphe, et donc sans physionomie, a un avantage sur les rivaux : outre qu'on peut le mettre dans sa poche ou dans ses bagages, on n'est pas tenu de lui donner une identité quelconque, ce à quoi l'image oblige.

Une effigie a forcément un sexe, un âge, un caractère. Un hymne ou une prière adossé à un nom sans contours précis, indication vague à souhait, laisse toutes les options ouvertes : ouverture de compas maximale. Plasticité et grande capacité d'adaptation. On peut répondre aux demandes les plus variées. Une tribu au départ faible et ultraminoritaire, cernée par de puissants empires, aura plutôt besoin non d'un dieu colombe, mais d'un dieu taureau — celui de Josué, le successeur de Moïse, le conquérant de Canaan. Mais ce seigneur, ce maître, ce roi, le *Sabaoth* du peuple hébreu n'est pas le Dieu d'intimité et de consolation du chrétien persécuté, qui n'est pas non plus le Dieu de justice, le Dieu prolétaire du quarante-huitard sur la barricade.

Le principe d'ordre et de résignation auquel en appellent aussi bien Voltaire que Napoléon Ier (qui a écrit à Roederer : « Quand un homme meurt de faim à côté d'un autre qui regorge, il faut une autorité qui lui dise "Dieu le veut ainsi" ») n'est certainement pas le Dieu que priait Charles de Foucauld au désert (« Mon père, je m'abandonne à Toi, fais de moi ce qu'il Te plaira »). Lequel n'est pas non plus le Dieu qu'invoque au Brésil la communauté chrétienne de base pour qu'il « renverse les potentats de leur trône, élève les humbles, rassasie les affamés et renvoie les riches les mains vides ». Un dieu sans visage peut devenir, selon le lieu et le moment, un dieu de cour, un dieu de ville, un dieu des faubourgs ; le protecteur des gens de bien et le vengeur des gens de rien. Chacun est libre d'interpréter des paroles, des versets, des sourates toujours libres d'emploi.

Mais si le Tout-Voyant ne se laisse pas voir (ou le moins possible, c'est le secret de l'autorité), et si aujourd'hui il ne *répond* plus, il a su jadis se faire entendre derrière le rideau, fût-ce au milieu du tonnerre. On ne peut faire confiance à la vue, dans le désert, où l'on n'est jamais sûr de ce qu'on voit. Donc, entre le mythe et le mirage, s'en tenir au premier, plus fiable. La première théophanie, ou manifestation de Dieu, fut auditive. Les Écritures ont enregistré ces proférations, appels ou murmures, puis les ont cousus ensemble et reliés en un volume, une fixation graphique *ne varietur*, la Thora, le Nouveau Testament, le Mushaf (le corpus coranique officiel attribué au calife Uthman).

Les cultes antiques ont des marqueurs en dur, des vestiges de pierre que fouillent les archéologues. À cette documentation matérielle (temple, sceaux, tablettes, tessons, statuettes), Dieu ajoute des documents écrits et substitue aux archéologues des philologues. On parle des trois religions du Livre, on devrait dire des liseurs, car l'Invu ne peut qu'être lu, et les Écritures sont sa seule carte de crédit. Le prophète est une *vox clamans in deserto*, clameurs dont fera mémoire une transcription, pour qu'elles puissent se transmettre de père en fils.

L'affaire mémorielle devient alors une affaire éditoriale. Rédaction, réduction (pas facile de faire tenir en un seul livre, un codex, quatre Évangiles en un seul, dit Tétramorphe), puis traduction (par saint Jérôme du grec au latin), puis fixation du canon, les livres à recopier et à relire (entre le VIe et le VIIe siècle pour les Évangiles). Mais si ce divin ineffable, interdit de prononciation, se dépose dans un livre, ce dernier n'a pas le même statut dans tous les monothéismes. Chez les juifs, c'est l'écriture qui est sacrée, chez les musulmans, c'est le texte, et chez les chrétiens ni l'un ni l'autre. La Thora s'embrasse, se borde le soir et s'habille le matin. Sa lecture est codifiée, amplifiée, avec balancement et cantillations. Des textes en caractères hébraïques ne sont pas détruits, mais enterrés; les scribes hébreux tracent les lettres et particulièrement le Tétragramme avec crainte et tremblement. Mais la Thora n'a pas à être apprise par cœur, la réciter de mémoire ferait perdre l'essentiel. Le chrétien, lui, ne rend un culte ni au support ni à l'écriture. La perte d'un missel n'est pas un péché mortel, et le copiste médiéval qui rate une lettre peut gratter son palimpseste et recommencer sans scrupules. Et pour cause, Dieu, dans le christianisme, inspire mais n'écrit pas, alors que le Coran est la parole même de Dieu. Pour les chrétiens, le Nouveau Testament reste une œuvre inspirée, mais humaine. En revanche, le fait que Mahomet n'ait su ni lire ni écrire laisse à Dieu seul la qualité d'auteur d'un livre calligraphié et enluminé, exigeant de son lecteur un état de pureté, pouvant même servir de talisman, mais sans chant ni musique d'accompagnement et qui, comme l'Évangile, reste vénéré, mais non adoré.

L'écrit n'est pas un médium asexué, et, pour la femme, mieux vaut que le Tout-Puissant se fasse chair plutôt que Livre ou Écriture. Quand l'écrit est valorisé et l'image dévaluée, c'est le sexe féminin qui est rétrogradé. La victoire du symbolique sur l'imaginaire, l'autre moitié du monde le paiera au prix fort, et les « conservateurs des écritures » (Odon Vallet) que sont les religions du Livre ne réservent rien de bon aux filles d'Ève. L'incarnation chrétienne leur sera la moins pire ou la plus douce, la plus ouverte à un retour en scène du féminin païen.

✧

La toute-puissance de Dieu bute sur une pierre d'achoppement, qui a fait trébucher plus d'un croyant. Son point fort, la Révélation, qui l'impose comme une vérité incontestable et fulminante (le Très-Haut ne peut mentir), est également son point de vulnérabilité. Pas seulement parce que cette révélation sans preuve ni attestation incontestable n'a pas d'autre garant que ceux qui s'en réclament. Mais parce qu'il y a quelque chose d'incompréhensible dans le fait qu'ait pu être franchi un fossé incommensurable.

Ce ne pouvait être qu'à l'initiative du Créateur. Si, en effet, des êtres finis avaient pu accéder à cette « forteresse sans portes ni fenêtres » (Allah, dans le Coran) par leurs propres moyens, l'infini n'en serait plus un, car ils seraient alors peu ou prou de même nature. Il faut donc que ce dieu opaque ait fait le premier geste, par pur amour et bienveillance, pour combler la distance entre une transcendance indescriptible et notre très basse immanence. Le point de jonction entre les deux plans, c'est le maillon faible du système, la boîte noire à laquelle l'opposant ou le sceptique vont fatalement devoir s'attaquer ; et c'est par là que peut se rompre la chaîne d'autorité, le transport Ciel-Terre des charismes. Et c'est le point que le système de défense théologique va devoir blinder de son mieux, en en faisant un mystère impénétrable ou un dogme intouchable, bref un article de foi, avec un panneau bien en vue à l'entrée du Royaume : « Voie sans issue, passez votre chemin ».

Mystère de l'Alliance, puisque c'est par le peuple élu que le Dieu hébraïque entre dans l'histoire des hommes. « Je ferai de Toi une grande nation [...] en Toi seront bénies toutes les familles de terre » (Genèse, 12, 2, 3). Mystère de l'Incarnation, puisque c'est par un corps de chair, soumis à la souffrance et à la mort, que le Fils, seconde personne de la Trinité, a rejoint le monde des hommes. Mystère de la « Nuit du Destin », puisque c'est grâce à la descente de la Parole de Dieu apportée par l'ange Gabriel à un être aussi réceptif qu'une tablette vierge que s'est opérée la troisième et ultime Révélation, pour rétablir dans sa vérité une parole altérée ou truquée par les prédécesseurs.

Dans le premier cas, le Verbe s'est fait peuple. Dans le deuxième, il s'est fait Chair. Et dans le dernier, il s'est fait Livre. Un Dieu en lui-même inaccessible, avec, pour nous autres, trois voies de raccordement.

L'opération médiatrice, c'est le triple saut périlleux. Ça passe ou ça casse. Si vous jugez que le risque en vaut la peine, vous êtes croyant. Sinon, mécréant. Vous serez Spinoza, et vous direz votre surprise de voir un peuple de bergers parmi d'autres transmué en nation sainte et placé, de ce fait, à part et au-dessus des autres. Banni de la communauté. Ou alors vous serez Ernest Renan, et vous écrirez une vie de Jésus en l'appelant « Cet homme incomparable ». Renvoyé du Collège de France. Ou encore, vous serez le sceptique Ibn al-Rawandi (IXe siècle) ou le médecin savant Rhazès (Xe siècle). Il ne fait pas bon s'interroger sur tout ce qui a pu se passer entre le VIIe et le Xe siècle, date de la compilation définitive. Les dissidents qui ont soutenu que le Coran incréé était une création ont été éliminés.

Dans les trois cas, malheur à vous, et à votre mémoire.

✧

Et puis, que faire du Mal, dès lors qu'on a rejeté le Panthéon qui distribuait les rôles du Bon et du Méchant au sein d'une troupe d'Immortels turbulente et extensible ? L'Unique doit tout assumer, y compris le pire. Ce problème qu'on appelle la théodicée, ou justice de Dieu, a trouvé maintes solutions théoriques que je n'examinerai pas ici, faute de temps. Sauf pour rappeler l'avantage de l'aniconisme, qui peut maintenir le clair-obscur et l'imprévisibilité des réactions comme des foudres divines, émanant d'un être à la fois jeune et vieux, guerrier fougueux et arbitre serein, colérique et miséricordieux.

Le surmonde grec se partageait entre Apollon et Dionysos, Vénus et le Minotaure, le divin et le nocturne. Le Dieu Un doit les synthétiser, ce qui en fait un personnage intrinsèquement ambigu, comme les institutions elles-mêmes qui s'en font les porte-parole ou les élus privilégiés, saintes Églises ou nations saintes. Les peuples élus — pensons aux États-Unis d'Amérique — regorgent d'ambivalence, et suscitent des sentiments ambivalents. La nation américaine, avec son âme d'Église, est double : à la fois égoïste et altruiste, libidinale et puritaine, profiteuse et désintéressée. Idéalistes et matérialistes, légalistes et bandits, pasteurs et shérifs, humanitaires et tortionnaires, les craignant-Dieu d'outre-Atlantique ont de quoi justifier l'amour-haine qu'ils suscitent alentour.

Pour représenter la double nature d'une divinité à la fois cannibale et tutélaire, les Grecs avaient inventé, sous forme d'un monstre cornu, corps d'homme et tête de bête, ce qu'ils appelaient un dieu dithyrambique, ou syncrétique, multicarte si l'on veut. Le Dieu théologique a prudemment expulsé le diable hors de lui-même. Il en a fait son adversaire, l'indispensable ennemi, car ce qui vaut pour les hommes vaut aussi pour les dieux : on ne sait plus qui on est quand on ne sait plus à quoi on s'oppose. Dieu, dit-on, a besoin des hommes. Il a encore plus besoin de Satan. Et contre le « prince de ce monde » (Jean, 16, 11), alias l'« axe du Mal », tout est permis, y compris le mensonge d'État et la guerre préventive.

✧

D'où vient la tentation, chez l'athée d'aujourd'hui, de mettre en examen ce père à double face en lui imputant tous les malheurs du monde. À bas le monothéisme ! À bas ce faux miséricordieux, ce Dieu sadique et sans pitié !

Et les croisades ? Et les Saint-Barthélemy ? Et les fous de Dieu ? Notre patriarche à longue barbe n'y serait pour rien ? Qu'il constitue un facteur aggravant, ce n'est pas impossible. Veillons cependant à ne pas en faire le parfait bouc émissaire, voire l'ennemi public numéro un. Les kamikazes japonais n'avaient pas d'Allah au-dessus de leur tête et n'obéissaient qu'à leur empereur. Les hommes n'ont d'ailleurs pas attendu la naissance des dieux, encore moins celle des États, pour s'entre-tuer. Les premières traces de tueries causées par des objets contondants remontent à peu près à 10 000 ans av. J.-C. Les chasseurs-cueilleurs du mésolithique, comme le montrent les fouilles archéologiques, se débrouillaient fort bien pour se découper en morceaux tout seuls, sans besoin d'un verset du Coran ou d'une hymne de David affichée aux murs de la caverne. De même n'ont-ils pas attendu la naissance de Dieu pour espérer dans une vie future et croire que l'âme ne meurt pas avec le corps, comme l'attestent les orbites teintées de carmin, les crânes ornés et les dépôts d'aliments dans les tombes de l'âge du bronze. Le sentiment d'immunité, l'aveuglement que peut donner l'obéissance à une autorité supérieure, a fortiori absolue, sont toujours redoutables, mais on imagine assez bien un verdict à la Churchill reportant sur le monothéisme sa formule sur la démocratie, « la pire des religions à l'exception de toutes les autres ».

La sagesse, me semble-t-il, serait de ne pas trop en demander à cet être parfait, aussi décevant et imparfait que nous ; ne pas trop en attendre et ne pas trop lui en vouloir. À l'observer d'un peu près, cette personne idéale, n'est-ce pas notre propre visage qui se découvre ? Dieu a toutes les compétences, au meilleur comme au pire, tel un « tout en un » de l'être humain. Ce bipède aussi, on le sait capable de tout, vindicatif et pitoyable, mesquin et charitable, terroriste et urgentiste, très chouette et très moche. Regardons-nous dans la glace. Plus l'astrophysicien s'éloigne avec ses télescopes du système solaire, plus il remonte dans le passé de l'univers jusqu'à pouvoir rêver de photographier son point zéro. De même, plus nous scrutons l'être intime de Dieu, plus le révélé se révèle révélant. La théologie peut se voir comme une préface symboliquement sublimée à l'anthropologie positive, et de saint Augustin à François Mauriac, en passant par Pascal, ceux qui ont fréquenté le Bon Dieu d'assez près sont allés très profond dans la connaissance de l'être humain. Et quand il se présente à tous comme un « expert en humanité » (Paul VI à l'ONU, en 1965), le pape ne fait pas que de la propagande.

Voltaire, qui n'était pas de ce bord-là, tout en professant un déisme précautionneux, a pu écrire : « Dieu a fait l'homme à son image, et l'homme le lui a bien rendu. » Un libre penseur pourrait fort bien renverser la formule :

l'homme a fait Dieu à son image, et le Dieu de Moïse et de Josué, de saint Vincent de Paul et du Grand Inquisiteur, d'Averroès et de Ben Laden — le lui a bien rendu. Parfois, et même un peu trop, au centuple. Mais, finalement, à qui la faute ? À Lui ou à nous ? À l'inventeur ou à l'inventé ?

Sur cette question, aucune consigne de vote ne sera tolérée. Le scrutin est secret, et le for intérieur, inviolable et souverain.

11

Que faut-il entendre par ange ?

Au début était l'imagination, puis vint la réflexion. Au début était l'ange, puis vint le médiateur. Sachons rendre hommage aux précurseurs. Les messagers de Dieu ont beaucoup à nous apprendre sur les paradoxes et les périls de la transmission. La « science angélique » n'est pas la moindre des sciences humaines.

« Tournons-nous vers l'antique, ce sera un progrès », disait Giuseppe Verdi. Tournons-nous vers les archanges de la tradition, et rentrons dans le vif de notre époque. Dans le concret ! Phraseurs, faiseurs et sauteurs s'abstenir.

Les gens sérieux ne prennent pas les anges au sérieux et c'est pourquoi personne ne devrait les prendre eux-mêmes au sérieux. La discussion « byzantine » sur le sexe des anges constitue, aux yeux de ces barbares, le fin du fin du ridicule. Ils n'ont pas de temps à perdre, nos économistes, nos sociologues, nos philosophes, à suivre des yeux ces avant-coureurs supersoniques qui fendent l'azur en un clin d'œil pour transmettre de bonnes nouvelles, et parfois des mauvaises. Pour nous signifier le meilleur et le pire, la Nativité ou l'Apocalypse, la grâce ou la colère, lumières ou ténèbres.

Angellos en grec, c'est tout simplement le messager : plus que le porte-coton ou le petit télégraphiste, le facteur au sens plein. Celui par qui les choses se font, grâce auquel les mots en l'air atterrissent et les vœux s'accomplissent. L'aéropostale angélique n'a aucune raison d'intéresser les prétentieux qui ne s'en remettent qu'à leur génie pour enlever le morceau, non plus que les songe-creux qui se gargarisent de vœux pieux sans bouger de leur chaise. Ni les idéologues qui nous expliquent que « les idées mènent le monde » sans se demander comment, car les idées, pour autant qu'on sache, n'ont pas de bras pour nous pousser dans le dos, ni de main pour nous conduire.

Vous n'êtes pas concernés, chers idéalistes qui ne vous êtes jamais demandé comment une lettre arrive à destination, par quelles voies et moyens les « rogatons », les pamphlets de Voltaire et les planches de l'*Encyclopédie* débouchent sur la prise de la Bastille, ou les gros pensums de Karl Marx sur la prise du palais d'Hiver. Arrêtons ici la liste, tant notre histoire en a vu, de ces verbes qui se sont faits chair, de ces paroles qui ont tourné émeute.

Dans nos traditions monothéistes, le Tout-Puissant ne l'est pas assez pour faire ses courses lui-même. Il est contraint d'avoir recours à des commissionnaires, délégués, envoyés spéciaux, ambassadeurs, chargés de mission — on dirait à présent des *passeurs* —, pour prévenir Agar, la servante, qu'elle va enfanter Ismaël, arrêter le bras meurtrier d'Abraham sur Isaac, informer Joseph qu'il est temps de se mettre en route, pour préparer la jeune Marie à recevoir son Fils unique, puis enjoindre au vieux Mahomet de se mettre à l'écoute de Gabriel afin de boucler une fois pour toutes cette vieille affaire de Révélation. Même le Christ, médiateur unique du salut, a besoin d'ascenseurs en soutien pour regagner le Ciel.

Cet aveu d'humilité (je ne peux pas faire tout tout seul) aurait dû mettre la puce à l'oreille des utopistes en chambre qui ne s'interrogent pas sur les questions d'intendance parce qu'ils sont sûrs de pouvoir modifier le cours des choses par la seule magie de leur magistère. De ceux qui parlent littérature sans parler librairie, papier, colporteurs et chemins de fer ; de ceux qui rédigent une histoire du socialisme sans parler typos, ateliers et imprimeries ; de ceux qui parlent peinture sans parler tubes de couleur et marchands d'art ; de ceux qui parlent musique sans parler instruments, partitions et interprètes. Bref, de tous ceux pour qui une action, quelle qu'elle soit, peut se passer d'agents et d'agences. Et des pieux rationalistes qui prennent pour du bon pain l'adage fatal *verum index sui*, le vrai s'indique de lui-même. Qu'elle paraisse, la vérité, et de suite elle s'impose. Prothèses inutiles.

Que l'Absolu ne se soit pas jugé autosuffisant, que Dieu en personne ait eu besoin de petites ailes porteuses pour faire son métier — remuer la lourde pâte humaine —, cela n'atteste pas seulement qu'on a toujours besoin, pour arriver à bon port, aussi grand qu'on soit, d'un plus petit que soi, comme un président de la République a besoin de ministres (le dérivé de *minus*), une grande voix, de mégaphone, un mandarin, d'assistants, un géomètre, de tableau noir et d'une craie, un tribun, de tribunes, un intello, de papier journal ou d'écrans de télévision. Cela témoigne surtout que le même doit s'aliéner dans un autre, son contraire, pour devenir ce qu'il est, que l'universel a besoin d'un singulier pour toucher terre, et l'esprit, d'un corps pour se déployer parmi nous en tant qu'esprit.

L'ange constitue la première réponse intuitivement apportée par les Écritures à la question clé de tous ceux qui ont, ou croient avoir, un message à délivrer : « Que peut le pur esprit s'il ne commence par se donner un corps pour agir sur les autres corps ? » (Jules Lagneau, enseignant de son état). Comment aller de l'abstrait au concret ? Du Ciel à la Terre ? Du déclamatoire à l'opératoire ? Comment éviter de parler ou d'écrire pour ne rien faire ? Et transformer une mystique en politique ? Mutation amère et périlleuse que les politiciens professionnels escamotent avec leur mantra poudre aux yeux : « faire en sorte que… », alors que pour ces verbomoteurs, le plus souvent, l'effet d'annonce est l'annonce elle-même, et adieu les amis.

Ne doivent se mettre à l'école des anges que les volontaires et les pragmatiques qui n'oublient pas qu'un programme sans vecteur, un message sans messagerie, un Évangile sans évangélistes n'ont pas plus de sens qu'un randonneur cul-de-jatte ou un cycliste sans bicyclette. Le mot Évangile, au fait, dérive du mot ange. Pas de bonne nouvelle (*euaggelion*) à propager sans ces inlassables trimardeurs dont nous parlent les Actes des Apôtres. Supprimez ceux-ci, et vous supprimez celle-là.

✧

L'image précède l'idée. Le fabuleux anticipe et préfigure le conceptuel. Rendons grâce au figuratif ancestral d'avoir comblé les trous du raisonnement moderne. De quoi l'ange est-il la figure ? Du *véhicule*, la cheville ouvrière, si souvent occultée, de l'efficacité symbolique. Le trait d'union entre Dieu et les pécheurs (lire : entre les idéalités et les réalités, les mots et les actes), il est très difficile de s'en faire une idée claire et distincte parce que le dynamisme échappe par nature à la main lourde du cartésien et qu'il est plus facile de faire entrer dans notre table de catégories un état stable qu'une métamorphose. L'ange, corps spirituel, on ne sait pas dans quelle colonne le ranger. Il couronne cette hiérarchie d'espèces instables et inclassables qui a tout en bas la chauve-souris (je suis oiseau, voyez mes ailes, je suis souris, voyez mes pieds), au milieu le centaure, le sphinx ou la chimère, et juste en dessous de l'archange, la dryade et la sylphide. La catégorie des accroche-cœurs, volatile et glissante, nargue l'organigramme (comme, en sociologie de la culture, le journaliste ou le médiatique, entre l'intello et l'amuseur).

« Si la réalité est inconcevable, disait le jeune Hegel, il nous faut forger des concepts inconcevables. » Ce qu'a fait la jeune humanité en donnant forme fabuleuse à quelque chose de fluide et d'insaisissable pour quoi elle manquait encore d'outils d'analyse. L'imagination matérielle *pense*, Gaston Bachelard nous l'a suffisamment démontré, et l'ange incarne pleinement « l'imagination du mouvement », *L'Air et les Songes.* Les boîtes noires dont on a l'intuition ou le pressentiment sans pouvoir encore les démonter en termes intellectuels — en l'occurrence, la transition du fumeux au solide — revêtent une forme visuelle, graphique ou plastique. L'image est l'état premier de la pensée, et elle gagne de vitesse les forages du théoricien à venir. L'organe décoratif illustre par avance une fonction générique, qu'il dérobe ensuite à nos yeux. Ici, la fonction *medium.* Nous avons changé de vocabulaire et élargi le propos, mais les sciences dites de l'information et de la communication ne peuvent oublier ce qu'elles doivent à la métaphore initiatique qui, de la fantaisie et du fantastique, n'a que l'allure, car elle renvoie en son noyau dur à du crucial et du permanent. Le médiologue se contente de transformer un mystère en problème ; il nettoie une médaille cachée, une statue enfouie dans les allégories et fantasmagories de l'imaginaire religieux.

Pourquoi ce retard à la détente ? C'est que le *trans* effraie les esprits posés. La pensée académique n'aime pas les hybrides, les mixtes, les bâtards, tous ces transgenres, ces remue-méninges qui dérangent nos sages et sédatives antinomies. Les entre-deux, les ni l'un ni l'autre ou les mi-ceci mi-cela ont un charme ambigu, et l'agent de liaison trouble la raison comme les adolescents androgynes troublent certains vieux messieurs, tel le compositeur von Aschenbach dans le *Mort à Venise* de Thomas Mann, interprété à l'écran par Dirk Bogarde, devant un éphèbe aux cheveux bouclés. À cheval et à vapeur, nos *go-between*, jamais à court d'un changement à vue, de sexe y compris — du taureau ailé mésopotamien à l'Italien vaporeux (la troupe angélique fut la rampe de lancement de la fédération LGBT, lesbiennes, gays, bi et trans).

L'intercesseur, pour son malheur, oscille entre l'interlope et l'interdisciplinaire. L'interface est indéterminée. Laissant de ce fait un grand espace à l'imagination, ses porte-parole naturels sont des artistes, non des théoriciens. Ce sont les romanciers, poètes et cinéastes, les metteurs en images qui ont gardé envers les anges une affection, une affinité, une sympathie substantielle et c'est vers eux qu'on doit se tourner pour nous mettre sur la bonne piste. Rainer Maria Rilke, avec les *Élégies de Duino*, Jean Cocteau avec *L'Ange Heurtebise*, Pier Paolo Pasolini avec *Théorème*, Wim

Wenders avec *Les Ailes du désir*, Gabriel García Márquez, Vladimir Nabokov, Salman Rushdie, Jack Kerouac et tant d'autres, ce sont nos anges à nous, qui nous guident dans ces intermondes fermés au positivisme logique. Il faut être un peu corsaire soi-même pour comprendre les corsaires qui vont et viennent entre le visible et l'invisible. Notons ce point : c'est l'avant-garde artistique qui retrouve l'arrière-garde religieuse, signe que cette dernière voyait plus loin qu'on ne croit.

« Croire aux images, dit Bachelard, est le secret du dynamisme psychique. » C'est pourquoi, pour éviter l'ankylose et l'arthrose, nous devons, en raison même de notre âge avancé (postmoderne), garder le contact avec nos sources vives, en relisant, à défaut d'Écritures saintes, l'histoire d'« un très vieux monsieur aux ailes énormes » (García Márquez) ou encore la nouvelle *Un coup d'aile* (Vladimir Nabokov). Sans oublier Bruegel l'Ancien, Andreï Roublev l'orthodoxe et les chapiteaux de l'art roman.

✧

Innombrables et même grouillants sont les anges dans les cieux de la Genèse. Aussi nombreux que les étoiles de la Voie lactée ou les grains de pollen d'une rose. Les effectifs se resserrent peu à peu. Jésus, au jardin des Oliviers, menace encore d'en faire intervenir « douze légions » (Matthieu, 26, 51). Finalement les rôles-titres reviennent à une poignée de champions. Les hommes-oiseaux à nom propre, dans nos belles légendes, sont au nombre de trois, comme les Parques et les Gorgones dans l'Antiquité. Ces agents de liaison classe exceptionnelle, l'islam les préfère masculins — « ceux qui ne croient pas à la vie future donnent aux anges des noms de femmes » (sourate 53, dite de l'Étoile) —, le judaïsme également — l'archange Michaël, chef suprême des milices célestes, n'a rien d'un efféminé, c'est un mec bagarreur et exterminateur. Les chrétiens leur donnent une touche plus féminine, la musique adoucit les mœurs, d'où les buccins, orgues et violes de gambe dont ils s'entourent sur nos murs et sur les toiles.

L'important est qu'ils restent jeunes et séduisants, bien habillés, dûment liftés, et même sexy. Car ces esprits ont bien un corps, dès le début, aux premières pages de la Bible, effrontément concupiscents, ces « fils d'Élohim » qui virent que les filles d'hommes étaient belles et prirent pour femmes celles de leur choix (Genèse, 6). Les Fregoli célestes au four et au moulin, qui nous en font voir de toutes les couleurs, en ont eux-mêmes plusieurs à disposition, selon l'interlocuteur ou l'ambiance, du blanc pour « l'ange de lumière » au noir pour Lucifer, en passant par l'azur de *L'Ange bleu*, Marlène Dietrich, le pourpre des assistants de Marie couronnée, le vert des escorteurs du jeune Tobie…

Pourquoi l'ange omnicolore, même en pleine lutte avec Jacob, reste-t-il si gracieux ? Pourquoi est-il toujours aussi esthète ? Aussi svelte et sexy ? Pourquoi même la beauté du diable ? Parce que le style est un aérodynamisme qui facilite la traversée des temps aussi sûrement que l'élégance d'un fuselage d'avion la résistance de l'air. La beauté améliore les performances balistiques du message : autre leçon de l'angélologie. La preuve en est que l'ange est parvenu jusqu'à nous qui ne croyons plus trop en Dieu. Il s'est évadé des facultés de théologie, il a déserté les hauts lieux du savoir, mais il papillonne parmi nous, dans nos façons de parler — sourire aux anges, bonjour mon ange, les faiseuses d'anges et le souvenir d'un enfant mort reste celui d'un ange (Alban Berg a intitulé un concerto *À la mémoire d'un ange*).

L'envoyé se porte mieux que l'envoyeur, le messager que le message, et là où plus personne ne parle de Jésus ni du Saint-Esprit, nos PTT transcendants demeurent en service. Sans doute parce que les pauvres et les démunis ont plus besoin d'icônes que de syllogismes, de visions que de dissertations. Nos protecteurs se sont seulement mis au diapason de l'époque : ils ne vont plus en rang ni en uniforme : ils se sont, comme nos services publics, privatisés — adieu cohortes et phalanges, bonjour mon ange gardien — et commercialisés en bleu et rose, sur les boîtes de bonbons ou les marques de fromage. Nous voilà avec des anges égocentriques, au service de Sa Majesté le moi. Après Dieu, bibi. Annexés par le kitsch anglo-saxon, les aéronautes de Rembrandt et de Roublev ont viré, du côté de Los Angeles et des espérantos optiques, *putti* grassouillets et sucrés. Ce qui était au début de l'aventure revient à la fin, mais dégradé.

Les chérubins qui viennent d'Orient, comme les rois mages, les djinns et les tapis volants — le *kéroubim* hébreu vient du *kéroub* sumérien — revêtent, arrivés en Occident, une forme stéréotypée et niaise. *Ex Oriente lux.* Mais comme nous ne voulons rien devoir à la magie assyrio-babyloniaque, le sulpicien est venu dédouaner le sulfureux et dégriffer le merveilleux. La version *cheap* l'a emporté, et l'aile du Ciel se retrouve chez le publicitaire en argument marketing. Le joker parfait quand l'auteur d'un bouquin ou d'un film est en panne de titre : l'ange du Nord, des ténèbres, de Bagdad, de la paix, de Bénarès, de la mort, etc. Moins de sens, plus d'audience. Ainsi va le monde. Il regorge d'anges déchus.

Sans doute, avec l'industrie aéronautique et les miracles de l'informatique, avec nos gains prodigieux en matière de vitesse et de mobilité, le progrès technique nous a rendus moins dépendants des échangeurs surnaturels requis par un Vieux Monde cloisonné, sans avions, sans autoroutes et sans ordinateurs. Sans doute encore un monde horizontal comme le nôtre, une humanité en autogestion où chacun, convaincu de se suffire à lui-même, fait cuire sa petite soupe dans son petit pot, n'est-il plus un monde *visité*, insoucieux de se raccorder à une quelconque verticale. L'interconnexion numérique semble suffire à son bonheur. D'où une certaine désaffection pour les vecteurs d'envol (le désenchantement wéberien).

Ajoutons à cela que le christianisme occidental, où le protestant donne le ton et où le catholique devient sans le savoir protestant, est d'humeur minimaliste : l'ange n'est plus bien en cour chez nos théologiens, devenus trop raisonnables ou raisonneurs. Mais, chassé par la grande porte, l'ange rentre par la fenêtre, sur nos BD, nos couvertures de polars et nos affiches. Dans l'imagerie des piétés populaires (y compris chez Luther, qui jette son encrier à la tête du diable), dût-elle, cette tradition, déchoir en chromos et poncifs.

✧

Gardons-nous d'enjoliver nos Raphaël. Attention à la mièvrerie, ce sont des durs. Ça n'empêche pas les angélus et les actions de grâce, mais ne soyons pas dupes des conceptions édifiantes, disons préraphaélites, qui peignent l'ange en rose pâle, innocence et pureté. Foin de l'euphorie circulatoire, de l'harmonie cosmique, d'*Embrassons-nous, Folleville*, où l'aérien et l'immatériel auraient pour traduction les réseaux du World Wide Web, les échangeurs autoroutiers et les aiguilleurs du ciel. Le dauphin est plus populaire que le squale certes, mais les combats pour la domination des esprits requièrent plutôt des requins. Un monde hyperconnecté n'est pas un monde égalitaire, et derrière un Gabriel tout sourire, il y a un saint Michel, avec lance et bouclier.

Toute messagerie suppose une métallurgie, et il y a une silencieuse opération de guerre au fond d'une transmission culturelle réussie. La Bible, sur ce point comme sur le reste, ne nous dore pas la pilule. Le passeur de balle est un combattant, il fait face à des ennemis, dans un rapport de forces impitoyable « Michel et ses anges combattaient contre le dragon » (Apocalypse, 12, 7), et les chérubins, qui à l'orient du jardin d'Éden interdisent l'entrée du paradis, ont, « pour garder le chemin de l'arbre de vie, une épée foudroyante et torsadée » (Genèse, 3, 24). Sous l'auréole, le fer. Le service angélique, plus faucon que colombe, exige une discipline, et qui dit discipline dit hiérarchie.

Un ange digne de ce nom ne fait pas sa promo en solo. Dans nos textes fondateurs, il intègre une *milice*, laquelle comme toutes les armées du monde a ses officiers supérieurs, ses lieutenants, ses caporaux et ses troufions. Le charivari militant, au ciel comme sur la terre, est ordonné. Neuf classes, neuf barreaux sur l'échelle, avec des anges de tête et des anges de queue. C'est très à propos qu'un théologien grec-occidental du VIe siècle, le Pseudo-Denys, a mis l'armée du Bien en rangs, avec trois chœurs décroissants :

en haut, Séraphins, Chérubins et Trônes ; au milieu, Dominations, Vertus et Puissances ; en bas, Principautés, Archanges et Anges (les soldats du rang). Ce n'est pas spécialement démocratique, mais cela nous rappelle qu'il n'y a pas d'action efficace sans une logique d'ordre, pas de *praxis* sans *taxis*, pas de coordination fonctionnelle sans subordination interne. Le transitif est intransitif : là est le hic. Le terrible secret.

Dieu, comme la Vérité, la Justice et toutes nos majuscules séculières, ne lance pas des éclairs. Il ne fulgure ni ne fulmine. Il déploie une échelle, économe et graduée. L'*échelle de Jacob* — qui vaut aussi, sans aucun doute, pour l'ascension prométhéenne vers les sommets, « Jacob vit en songe une échelle dont le pied était appuyé sur la terre, et le haut touchait au ciel. Et les anges de Dieu montaient et descendaient cette échelle » (Genèse, 28, 11). Traduction : l'immédiateté est un leurre, comme le journal gratuit. Le câble numérique a ses atterrages, le *big data*, ses centres de stockage, et nos mails, leurs échelons dispatcheurs, nationalement et juridiquement contrôlés. Il y a une économie du salut, et qui veut tout tout de suite, sans les coûts du transport, se casse la figure. On ne monte pas au septième ciel sans suivre un protocole de gestes plus ou moins réglementé. Pas d'instantané en aval sans une procession, un processus en amont. Pas d'ubiquité technique sans de petites échelles verticales, à caractère économique et politique, agréablement recouvertes d'aménités fallacieuses. La rude école des anges vous guérit à la fois des élancements spiritualistes et des superstitions technologiques.

✧

Nous voilà prévenus : l'ange est pervers, « l'ange est effrayant », rappelle Rainer Maria Rilke, qui précise, « car le beau n'est rien que le premier degré du terrible ». Pas seulement parce qu'on a souvent du mal à distinguer les beaux bons des méchants beaux, le diable pouvant sourire et l'ange du Seigneur grimacer (on cache son jeu chez les médiateurs). Mais parce que le méchant s'engendre du meilleur. Comme les militaires se recrutent dans le civil, nos démons sortent du sein même des anges, « au midi du plein amour ». Tous les anges sont créés par Dieu, qui reste le seul être incréé dans l'univers, le seul « cause de soi ». Et du fait que Dieu ne peut pas créer un être méchant, il faut bien que le diable soit un ange déchu, et le Mal, un Bien qui a mal tourné. Autrement dit, le « prince de ce monde » a ses papiers en règle, des origines familiales au-dessus de tout soupçon. Il faut donc y voir à deux fois, ce qui n'a rien de rassurant.

Nous ne croyons plus en l'existence des anges comme le faisaient, au Moyen Âge, saint Anselme et saint Thomas qui se sont longuement interrogés nous seulement sur ce que pouvaient bien représenter une âme corporelle ou un corps spirituel, mais surtout comment un proche, un acolyte lumineux de Dieu peut librement choisir de se retourner contre Lui et plonger dans les ténèbres. Pourquoi ? Parce qu'il a entendu un « vous serez comme Dieu », et qu'il a tenté l'aventure. Lucifer, le porte-lumière, a chuté dans le noir parce qu'il a péché. Le péché d'orgueil. Il est tombé pour avoir visé trop haut.

Nous ne croyons plus dans « les choses invisibles » parce qu'il n'y a pas de photo des anges et que ce qui n'est pas photographiable, à nos yeux, a perdu toute réalité. Mais nous en savons assez sur les mésaventures de la com pour comprendre que parler des anges, c'est parler des hommes, autres créatures à double appartenance, mi-ange mi-bête, et donc ni l'un ni l'autre, bref des entre-deux un peu flous, difficiles à cerner d'un mot ou d'un seul trait (tant mieux si le flou cache un loup, cela alimente la copie et donne du grain à moudre aux anthropologues). La chute des anges n'est pas la pire façon d'aborder une époque où le père Noël est une ordure.

Nous avons assisté, avec l'invasion des médias de masse, à une nouvelle révolte des intermédiaires (suivie aujourd'hui, avec le numérique, d'une révolte *contre* les intermédiaires), qu'il s'agisse des professeurs, des prêtres, des agents immobiliers ou des chauffeurs de taxi. L'époque est à l'épaississement médiatique, et au gonflement sans précédent des médiateurs professionnels auxquels fut accordé toujours plus d'espace, de temps, de présence et d'aura, au point de se prendre eux-mêmes pour les auteurs de ce qu'ils annoncent. Alors, la personne du messager absorbe le contenu du message et le canalisateur des nouvelles, bouchant le canal, devient lui-même la nouvelle. L'animateur devient l'âme du show et le présentateur de l'émission, qui affiche son nom sur l'écran, dirige ses invités à la baguette. C'est l'effet pervers, incontrôlable, sinon involontaire, de la médiatisation. Le petit porte-parole du parti en deviendra vite le grand dirigeant, les épigones s'emparent de la doctrine et les maîtres du faire-savoir font des politiques leurs obligés. Le journaliste est monté sur le trône. Renversement des rôles. Inversion des primautés. Le trait d'union devient son propre centre.

Saint Anselme était d'avis que l'homme est un être qui ne peut pas exister sans Dieu, et l'homme contemporain est un sans-Dieu qui ne peut pas exister sans les anges de dernière génération que sont nos communicants. Pas vu, pas lu. Pas de caméra, pas d'importance. Pas de médium, pas de message. La sollicitude de l'ange gardien tourne à la domination plus ou moins sadique du *gate-keeper*, le portier des flux d'informations.

Que faire ? Rester humble. Ne nous poussons pas du col, n'imitons pas les anges qui se sont pris pour Dieu en nous prenant à notre tour pour des anges aéroportés fondant du haut du ciel, par exemple, sur Bagdad, Kaboul ou Tripoli, avec nos missiles exterminateurs enveloppés dans une Déclaration des droits de l'homme. Ce péché d'orgueil fait lever la bête en nous, et des démons tout alentour qui reviennent nous voir, méchamment. Gardons les pieds sur terre, à notre place, mais restons attentifs aux êtres un peu mystérieux qui de loin nous font signe, et nous donnent envie de monter à l'étage supérieur. On leur doit l'hospitalité, à ces visiteurs inconnus, généralement déguenillés, qui frappent un beau matin à notre porte, à l'instar de ces trois étranges étrangers, sans carte d'identité ni permis de séjour, apparus inopinément à l'entrée de la tente d'Abraham, qui sut leur faire bon accueil. Exemplaire Abraham.

« Il vivait. Il mourut quand il n'eut plus son ange » (Hugo).

12

Que faut-il entendre par laïcité ?

Il y a loin du simple esprit de tolérance à la stricte architecture juridique qu'est la laïcité, originalité française. Celle-ci n'est pas destinée à nettoyer la société de toute empreinte religieuse, mais à préserver l'espace public de l'emprise des religions. L'effacement de la séparation entre public et privé, lié à l'évanescence de l'État, la met aujourd'hui sérieusement en danger.

Qu'est-ce qu'on a donc aujourd'hui en commun, vous et moi, à part une même langue pour s'exprimer et, avec un peu de chance, une carte d'identité en poche ? Qu'est-ce qui relie soixante-sept millions de nombrils, juxtaposés dans un même Hexagone ? Qu'est-ce qui peut, en cas de crise, empêcher un espace de solidarité de voler en éclats, comme cela se voit en ce moment même, dans plusieurs dizaines de pays ?

Avec la centrifugeuse du tout-à-l'ego et des réclamations identitaires, la France du chacun pour soi ne peut plus éviter cette question. Nous cherchons, et peinons, à trouver un principe symphonique capable d'instaurer une convergence entre des individus qui ne se ressemblent pas et, souvent même, se détestent. C'est l'immémoriale quête de toutes les agrégations humaines, tant qu'elles rechignent à se désagréger. L'unité d'un mille-feuille, c'est l'exploit à recommencer chaque jour et partout où il a fallu faire *un* peuple avec *des* populations — ethnies, métiers, corporations, lobbies —, c'est le nœud d'un problème quasiment alchimique, et le « comment le résolvez-vous ? », une question à poser aux cent quatre-vingt-treize pays qui siègent aux Nations unies.

« Cette quantité de correspondances intimes et de réciprocités invisibles par quoi s'accomplit le mystère de l'union profonde de millions d'hommes » (Valéry) est une énigme omniprésente, mais ce qui fait de la France un pays original est notre façon de la poser. Elle a pour nom laïcité. L'originalité, ce n'est pas de vivre en République, il n'y a pas que des monarchies et des autocraties en ce bas monde. C'est que cette République soit définie par la Constitution comme « indivisible, laïque, démocratique et sociale », ce que ne sont pas les Républiques fédérales, comme l'Allemagne et les États-Unis. La France est le seul pays d'Europe, laissons la Turquie de côté, à faire figurer la laïcité au sommet de la hiérarchie des normes et où le blasphème ne fait l'objet d'aucune disposition pénale. Un pays où sacré n'est pas synonyme de divin. Où le maillage du tissu social n'invoque aucun Être, aucun événement surnaturel, Dieu, Grand-Être ou Révélation.

Ce qu'admet et professe l'État de droit occidental et ordinaire est la liberté de croyance. Elle n'exclut pas qu'une religion puisse être d'État (pourvu qu'elle n'entraîne pas une atteinte à la liberté religieuse pour les personnes adhérant à une autre religion). En Allemagne, l'État recouvre le « denier du culte » par voie fiscale. Au

Royaume-Uni, doté d'une Église établie, l'anglicane, le chef de l'État est le chef spirituel de l'Église. Dans les pays scandinaves, à divers degrés, les Églises protestantes sont des religions de l'État, comme l'Église orthodoxe est « religion dominante » en Grèce. En Italie, où le blasphème reste un délit, comme en Angleterre, le crucifix continue d'orner tribunaux et salles de classe. De là vient que notre pays offre une cible de choix à tous les fous de Dieu. Et qu'il ne soit pas en odeur de sainteté chez ses propres homologues.

N'oublions pas que la République française est en position d'accusée sur une liste de vingt-huit États où la liberté de conviction est dite maltraitée ou minorée (rapport spécial de l'ONU sur la liberté de religion dans le monde, 2004) et où l'interdiction des signes religieux à l'école (celle du voile intégral sur la voie publique n'obéissant qu'à des motifs d'ordre public et de sûreté), la répression et le contrôle des « sectes » (terme non péjoratif dans le monde anglo-saxon) et le fait de ne pas donner de droits particuliers à des minorités sont tenus, outre-Atlantique, pour des atteintes aux droits humains.

C'est dire les contresens auxquels elle peut donner lieu. Le substantif *laïcité* a beau dériver d'un terme du vocabulaire chrétien, le *laos* grec opposé au *kleros*, le laïque comme l'opposé du clerc, ce n'en reste pas moins un néologisme forgé en France dans les débuts de la IIIe République, et dont la traduction reste un casse-tête. L'hébreu *hilani*, qui veut dire profane, et l'arabe *alemani*, érudit et savant, sont des faux frères, comme le *secular* anglo-saxon. Le pire sévit dans le monde arabo-musulman, qui en fait l'équivalent de « sans religion », ce qui dans ce monde est une insulte. Lamentable contresens. Faut-il rappeler que les penseurs et politiques protestants ont été, sous notre IIIe République, les pionniers de la laïcisation ?

Passons sur les bévues qui ont cours, un peu partout, et en France même. Non, la laïcité n'est pas un athéisme *soft*, ni un parti pris antireligieux. Nos écoles confessionnelles sont soutenues et subventionnées dès lors qu'elles sont sous contrat, la République assume l'entretien des cathédrales et des églises bâties avant 1905, et les ministres des cultes restent des fonctionnaires en Alsace-Moselle. Non, la laïcité n'est pas la tolérance, ce mot que Mirabeau déjà jugeait injurieux. La tolérance est une indulgence d'Ancien Régime, la condescendance d'un supérieur qui lève un interdit ou octroie telle ou telle impunité à un inférieur. Le maître souffre la différence d'un obligé qui n'est pas son égal et il pourrait ne pas le faire (ainsi l'édit de tolérance du 29 novembre 1787, qui accorde aux protestants un état civil en propre). Un droit n'est pas concédé, il est reconnu, et la tolérance est à la laïcité ce que la charité est à la justice.

Ces flottements s'expliquent : la laïcité ne fait l'objet dans nos textes fondateurs d'aucune définition claire et nette. La fameuse loi de 1905 dite de Séparation des Églises et de l'État (avec ses formules éclatantes et principielles : « La République assure la liberté de conscience. Elle ne reconnaît, ne salarie ni ne subventionne aucun culte ») n'en fournit aucune, et le mot de laïcité n'y figure pas plus que celui de religion. *Laïcité* n'apparaît en toutes lettres dans notre législation qu'en 1984 (dans une loi sur l'enseignement agricole). Ce flou a un avantage : il permet à tout un chacun de s'approprier un mot fétiche, quitte à le tordre dans son sens, et l'inconvénient de la vider de tout sens précis.

La meilleure et la plus sobre définition me semble avoir été donnée par un député socialiste et grand résistant d'origine protestante, André Philip, à l'Assemblée constituante de 1945, qui fit inscrire le mot dans la Constitution. « Le cadre laïque, a-t-il expliqué à la tribune, se donne les moyens de faire coexister sur un même territoire des individus qui ne partagent pas les mêmes convictions, au lieu de les juxtaposer en une mosaïque de communautés fermées sur elles-mêmes et mutuellement exclusives. » Tout est dit : d'abord, un *cadre*, ce n'est pas le tableau. Cela peut se remplir comme on veut avec la sagesse, la religion ou l'irréligion de son choix. Ensuite, un *territoire* : il y a un ancrage, des frontières, une souveraineté. Ce n'est pas une morale atmosphérique, il faut une puissance publique. Enfin, le péril à conjurer est noté noir sur blanc : une mosaïque de haines mutuelles. Ce qui est à peu près l'état du monde aujourd'hui. Il y avait du Cassandre chez ce législateur.

La plupart d'entre nous, nous n'avons plus que des opinions sur le cours des choses ou le marché des valeurs en piste. On ne prend pas le mors aux dents pour une opinion. Il nous arrive même d'en rigoler de bon cœur. Chat échaudé craint l'eau chaude. Dans les vieux pays recrus d'épreuves et de désillusions, nos colères sont courtes, le haussement d'épaules rapide. Une opinion, on en change d'une année sur l'autre, ça ne colle pas à la peau, ça se contredit, ça ne se blesse pas, et ça ne crie pas vengeance. Mais il y a en Europe des minorités (et à nos frontières, des peuples entiers) qui ont des convictions, et c'est déjà une tout autre affaire.

Une foi religieuse engage le corps et l'esprit. Certains croyants sont même prêts, pour elle, à se faire exploser au milieu d'une foule, en tuant le plus de monde possible. On les appelle des fanatiques. Ce qui pose un sérieux problème de coexistence. Il n'est jamais facile de vivre quand on a une conviction avec ou au milieu de gens qui en ont d'autres, non moins fortes et susceptibles. Et encore moins facile de faire se côtoyer pacifiquement des fumistes et des illuminés, des gens à sang froid et des gens à sang chaud. Surtout quand les groupes convictionnels, avec les migrations de masse, les exodes, les guerres civiles et les facilités de circulation, se multiplient sur un même territoire. Cet entremêlement met plus à vif que jamais le *dislike of the unlike*, le rejet viscéral du dissemblable propre à tout le monde animal dont l'espèce humaine fait encore malheureusement partie. Et qui pousse très sottement (elle n'est pas bienveillante, la nature) chaque communauté à s'estimer supérieure à ses voisines de l'autre rive.

Le tissage d'un *tous ensemble* ne peut se fonder seulement sur les biens qu'on a en commun. L'atmosphère, les océans et les forêts sont des biens communs de l'humanité, et il est bon qu'ils soient perçus comme tels. Une communauté de destin, cependant, exige plus — ou moins — qu'un calcul d'intérêt façon « Planète environnement ». Il faut une sensibilité qui touche à l'être même, dans son intime. Il y a plusieurs principes de liaison possibles, au nom desquels on peut non se savoir, mais se sentir solidaires. Il y a le principe génétique ou présumé tel : la race, ou la communauté de sang. Il y a le principe ethnoculturel : la communauté de langue, par exemple. Et il y a — il y eut pendant très longtemps en Occident — le principe confessionnel : je dois partager la religion de mon souverain. Le nœud fédérateur n'était pas de libre choix, et qui n'avait pas la même religion n'avait qu'à décamper (les réformés au royaume de France), se cacher ou simuler (les Marranes et les Morisques en Espagne) où à disparaître (les chrétiens ou les Yazidis au Moyen-Orient).

Tous ces critères d'inclusion ont pour envers une exclusion. Qui n'était pas aryen, ou supposé tel, ne pouvait être allemand dans le IIIe Reich. Qui ne parle pas le basque ou le corse n'est pas, aux yeux de certains, un vrai Basque ou un vrai Corse. Et qui n'était pas catholique sous Louis XIV n'était pas français. Partout où une religion joue un rôle majeur dans la vie publique s'instaure une fracture au sein de la société, y compris, comme en Israël, entre juifs laïques et juifs religieux. Et la guerre civile n'est jamais loin. Voir ce qui se passe de nos jours en Irlande, à Chypre, en Irak, au Soudan, au Sri Lanka, en Centrafrique et en cent autres lieux.

Il y aura toujours, là où une appartenance religieuse fait critère, des citoyens de première et de deuxième classe, qu'il y ait ou non liberté de vote. Un projet de loi constitutionnel définissant Israël comme un État juif et démocratique prévoit que seuls les juifs devraient avoir des droits politiques, musulmans et chrétiens n'ayant que des droits personnels. En Égypte, un professeur copte n'a pas le droit d'enseigner l'arabe, la langue du Coran, apanage exclusif des musulmans. En régime de laïcité, aucun credo, aucune ascendance ou couleur de peau ne donne de droits sur quiconque. On est, ou non, pleinement citoyen, si l'on remplit certaines conditions générales (durée de présence sur le territoire, maîtrise minimale de la langue, absence de casier judiciaire, etc.), mais on ne l'est pas à moitié.

Notre *modus vivendi*, s'il n'élimine pas les animosités entre convictions juxtaposées, diminue notablement les raisons de s'entre-tuer. Insuffisant, peut-être, mais précieux à l'heure où, sur les cinq continents, Dieu prend sa revanche sur des idéologies séculières qui l'avaient un moment sorti de scène. Réenchantement religieux et guerre civile font un peu partout la paire, et nombre de pays hier laïques — Israël, Inde, Égypte, Indonésie, etc. — redeviennent à divers titres des théocraties, avec ou sans le nom. À une époque et dans un monde où la séparation entre l'article de foi et l'article de loi se réduit en peau de chagrin, ce principe ressemble de plus en plus à une bouée de sauvetage.

✧

Encore faut-il s'entendre sur les implications du mot. Et ne pas être dupe de certains malentendus. En Turquie, par exemple, dans la tradition kémaliste, la laïcité signifie l'annexion par l'État de la religion, avec un ministère des cultes qui salarie les imams, tous fonctionnaires de l'État, et va jusqu'à rédiger les prêches du vendredi dans tout le pays. Le régime turc, césaropapisme sans pape, où c'est le Napoléon du jour qui tient la baguette, ou plutôt la férule, ne permet pas le libre exercice des cultes, notamment chrétiens (et si la population de l'Empire ottoman, en 1914, comptait 30 % de non-musulmans, il n'en restait plus que 1 % trente ans après).

En Belgique, pays frère, l'État est certes neutre, mais il reconnaît et finance, sous l'appellation de « piliers », six cultes (catholique, protestant, juif, anglican, orthodoxe et musulman), auxquels s'adjoint un septième, la famille de pensée « humaniste », qui s'ajoute aux confessions précédentes pour leur faire directement concurrence, sur le même pied. Il y a en Wallonie un camp laïque, qui n'est pas un englobant, mais une mouvance parmi d'autres d'un puzzle d'allégeances.

C'est avec les États-Unis, où la séparation en vigueur est formelle et juridique, inscrite depuis 1791 dans le premier amendement de la Constitution, que la confusion est la plus courante. Elle proscrit toute religion établie (au sens britannique du terme) et assure, elle aussi, la liberté des cultes. Une seule foi, mais plusieurs confessions. C'est l'avantage du protestantisme, né d'une dissidence et marié d'emblée avec le pluralisme, que d'admettre la coexistence des confessions. Mais en Amérique du Nord, la séparation est destinée à rendre Dieu libre de l'État, mais non l'État libre de Dieu, comme en France.

Le texte américain ne remet nullement en cause la consanguinité historique et morale entre les Églises et une nation qu'on a pu dire sacerdotale, dans un pays d'emblée assimilé à la Terre promise par ses pères fondateurs, et où une religion de type biblico-patriotique sert à tout moment d'ossature au *One nation under God.* Le président y prête serment sur la Bible, fermée si c'est un libéral. Le *Thanksgiving Day*, la plus grande fête nationale, est une action de grâce commémorant l'arrivée du *Mayflower* (suite à la recommandation de George Washington, qui voulut, dès 1789, que la date de novembre fût célébrée chaque année « en honneur du grand et glorieux Être »). Ce Dieu minimaliste à empattement maximal permet d'embrasser large et, malgré les oppositions de race et de classe, sert de clé de voûte à un *melting pot* pieusement orgueilleux. Les sessions de la Cour suprême s'ouvrent par la formule *God save the United States and this honorable Court.* Des États fédérés, notamment dans le Sud, pouvaient jusqu'en 1963 organiser des lectures de la Bible et des prières dans les écoles publiques.

Ce Dieu non confessionnel mais confédéral prête son œil bien ouvert au dollar. Les dix premiers amendements ne s'appliquent d'ailleurs qu'à l'échelon fédéral, les États fédérés ont plus de latitude (hormis pour la polygamie des mormons dans l'Utah, déclarée illégale par la Cour suprême, car contrevenant à la moralité occidentale). Chaque traumatisme, chaque déclaration de guerre font remonter à la surface, par un instinctif retour aux sources, cette religiosité originelle et organique : veillée de prière à la Maison-Blanche, appels à la croisade contre l'axe du Mal, etc. Aux États-Unis, comme l'avait prédit Alexis de Tocqueville, la religion reste, en tant que puissance instituante des pouvoirs institués, « la première institution politique » du pays.

Ce qui fait, entre la France et l'Amérique, deux postures, deux vigilances de sens contraire. L'une, l'américaine, enjoint à l'État de ne pas se mêler des affaires de Dieu, qui ont la prééminence ; l'autre, la française, enjoint aux ministres de Dieu de ne pas se mêler des affaires politiques, qui ont la primauté. Des siècles d'Histoire expliquent le contraste des vocations respectives. La France a été mise à feu et à sang par les passions religieuses au XVIe siècle ; elle a fait sa révolution bourgeoise au XVIIIe contre une monarchie de droit divin appuyée sur le clergé ; avec, en face d'elle, une Église imposante — deux cent vingt-cinq mille prêtres en France en 1905 —, hiérarchisée, dogmatique, ennemie publique des Lumières et sous l'emprise d'un État étranger, celui du Vatican, sous l'appellation de Saint-Siège.

Les États-Unis puritains, mi-ploutocratiques, mi-théocratiques, où la foi flirte sans gêne avec l'argent, ont conquis leur indépendance pour sauvegarder leur droit à la dissidence. Les idées dominantes étant celles des pays dominants, on pouvait s'attendre que « le mur de séparation » à la mode américaine soit mieux compris et mieux reçu que le nôtre sur les autres continents. Il est plus adapté à un monde où l'État perd son rôle d'instrument de cohésion de la société civile, et au réenchantement religieux de la planète. La séparation à la française est même battue en brèche à domicile par le nouveau droit européen sous hégémonie anglo-saxonne, en particulier les derniers arrêts de la Cour européenne des droits de l'homme, avec cette nouvelle notion : la « libre jouissance des droits à la liberté religieuse ». À l'isolement international, notre chef-d'œuvre en péril doit désormais ajouter des menaces autochtones pour ainsi dire. Je veux parler d'une triple crise d'autorité affectant, à domicile, le vrai, l'État et l'écrit.

Passons-les brièvement en revue.

L'égalité en droit et dignité de tous les êtres humains, hommes ou femmes, chrétiens ou musulmans, athées ou bouddhistes, ne procède pas d'un bon sentiment. L'unité du genre humain, « l'humanité comme un seul peuple », a pour preuve et garantie objectives l'universalité du savoir. Il n'y a pas de mathématiques luthériennes, de physique hindouiste ou de chimie coranique. Or le savoir, cela ne se transmet pas par des gènes ni pas des prières, mais par un enseignement. Une république laïque est enseignante ou n'est pas. Elle a pour pivot l'école. Pourquoi ? Parce que les confessions et convictions sont particulières, la règle de trois universelle. Parce que le bon sens y est dit « la chose du monde la mieux partagée ».

Quoi de plus commun que la Raison ? Encore faut-il qu'elle ne soit pas tenue comme une option ou un avis parmi d'autres, de même statut que l'homéopathie, la création du monde en sept jours ou l'infériorité congénitale de la femme. L'apprentissage de la Raison rend l'individu libre des opinions, des siennes propres comme de celles des autres, en l'élevant au-dessus de ses différences natives ou familiales ou environnementales. Or, avec Hiroshima et Fukuyama, la raison libératrice a perdu son *R* majuscule, et le hussard noir de la République, dans la foulée, son ascendant et son prestige. On ne lui fait plus trop confiance. Malgré (ou peut-être à cause de) l'accélération des avancées scientifiques, en biologie, physique, génétique, connectique, astrophysique, etc., la confiance dans l'explication rationnelle du monde n'est plus ce qu'elle était, ni le progrès cet euphorique chemin de grue nous conduisant en droite ligne, de l'indémontrable au démontré, du capricieux au raisonnable, du subjectif à l'objectif.

Avec la numérique profusion des messages, données et sources d'informations s'instaure un « tout se vaut, donc rien ne vaut » qui efface les frontières entre le vrai et le faux, le nécessaire et le gratuit, l'impératif et le facultatif. N'importe quel 2 + 2 = 5 devient une position intéressante, et le 2 + 2 = 4 une option parmi d'autres. Et un professeur de SVT (sciences de la vie et de la terre) exposant en classe de troisième la formation de la croûte terrestre voit se lever une main au fond de la classe et l'élève lui faire remarquer que si tel est son opinion, chacun ayant droit à la sienne, lui en a une autre, qu'il tient de l'imam du quartier. La dérision de la vérité, qui aboutit à faire de la dérision la seule vérité admise par tous, fait chanceler les vertus rassembleuses de l'instruction, fondement de l'éducation au sens moral, disciplinaire et familial du terme (se tenir droit, arriver à l'heure, ne pas copier, écouter, respecter ses engagements, etc.). Quand le socle du savoir tremble, l'idée républicaine n'est plus sûre de ses bases.

Deuxième danger : le désarmement de la puissance publique, face à la montée de puissances privées tirant à hue et à dia. Toutes les mesures qu'on peut dire de laïcisation, dans l'histoire des sociétés, ont été le fait d'une volonté politique. Encore faut-il un organe du bien commun qui ne parte pas en eau de boudin, capable de fixer le cap et de décréter l'obligation, la même pour tous. Grignoté d'en bas par toutes sortes de féodalités en voie de reconstitution et d'en haut par une bureaucratie européenne irresponsable, l'État stratège ou régulateur se décharge de ses capacités normatives sur une multitude incontrôlée d'autorités administratives indépendantes (en France, en 2016, au nombre de quarante-sept).

Cette casse institutionnelle, jointe à l'agenouillement des pouvoirs publics devant une société civile de plus en plus incivile, lui a fait perdre la raison, à commencer par la tant décriée *raison d'État.* C'est elle qui, au XVIe siècle, avec Henri IV, sous l'égide du parti dit des « politiques » (Michel de L'Hospital, Jean Bodin et les légistes), a su triompher des raisons d'Église et mettre hors jeu les factions en guerre qui s'en réclamaient avec l'appui des royaumes voisins et ennemis (toute principauté locale attire tôt ou tard les puissances étrangères). La chose publique a perdu son prestige, l'État ses moyens et sa distance, asservie aux obligations de proximité, aux fausses bonhomies télévisuelles et au coup de cœur du jour.

Ce ne sont plus les représentants du Medef, du Crif, de TF1 qui sont reçus en audience par le chef de l'État ou le premier ministre, ce sont eux qui vont chez les premiers comme qui va à Canossa. La Cour fait la cour à la Ville, le régalien fond comme neige au soleil de la démagogie. Nos élus cherchent non plus à se faire respecter pour les responsabilités qu'ils acceptent de prendre, mais à se faire aimer pour la personnalité qu'ils sont censés avoir. Cerné par des gens de cirque et de spectacle, surveillé par l'Europe, complexé par l'Amérique, ce pouvoir, en perdant sa hauteur, perd ses marges de manœuvre. Il accompagne pour ne pas conduire. Il n'agit plus, il réagit. Au-delà d'un protocole officiel en miettes, c'est la séparation du public et du privé qui est atteinte, et avec elle, la capacité à dominer la mêlée, intérêts et passions centrifuges.

Seul ce qui nous dépasse étant capable de nous unir, quand on passe de l'État éducateur à l'État séducteur, la République perd sa vertu fédératrice. Ce n'est pas un hasard si l'on trouve toujours en amont d'une pacification sociale un Henri IV, un Benito Juárez, un Kamel Atatürk ou un Aristide Briand. « Le grand théâtre de la tragédie politique a fermé ses portes », disait Derrida, peu avant sa mort. Oui, mais que le théâtre lui-même en vienne à disparaître, et ce sera à la *Society* d'écrire la pièce, condamnant le gardien du bien public à courir après toutes les communautés privées pour ne pas faire de jaloux. À sauter de la synagogue de la rue des Victoires à la Grande Mosquée en passant par Notre-Dame de Paris sans s'attarder au temple de l'Oratoire, négligence chez nous traditionnelle. Un pouvoir sous influence distribue les coups de chapeau au prorata de la capacité de chaque corporation à ameuter les médias, et nos protestants sont trop discrets pour intéresser les communicants. Ce qui pénalise gravement, soit dit en passant, les militaires et les enseignants, dont les « colères » font peu de bruit et pas assez d'images au petit écran pour mobiliser dare-dare décideurs et ministres.

Il n'y a plus d'autorité là où il n'y a plus d'espoir. Une volonté s'appuie toujours sur une promesse, une perspective d'avenir. Sans ligne de fuite, chacun se contente de survivre au jour le jour, déjà trop heureux de rester en place. « C'est l'État qui fait la France, et son absence qui la défait » (de Gaulle). L'État aux abonnés absents, la France laïque ne peut que se défaire.

Mentionnons enfin une dernière source d'inquiétude d'ordre médiologique : l'écosystème technique. La laïcité est contemporaine de la graphosphère, de la civilisation des livres et de l'imprimé. L'écran a besoin d'écrit, mais il lui préfère encore l'image, et son électricité très particulière. Rappelons les changements de portage liés à la vidéosphère, l'invasion de la sphère publique par l'impulsif et l'émotionnel. Ce ne sont pas là des dispositions propices à l'esprit d'examen et au recul critique.

Bref, tout n'est plus rose au pays de Condorcet et de Clemenceau. La partie n'est pas perdue, mais il va falloir attacher sa ceinture, ça va secouer. Cela dit, ne nous méprenons pas sur l'objectif. Ne cherchons pas à neutraliser, aseptiser, décolorer la société en la « nettoyant » de tout signe religieux. Ce serait totalitaire et parfaitement idiot. Un « cachez ce sein que je ne saurais voir », un « disparaissez, vous religions, de la surface de la Terre, confinez-vous aux profondeurs intimes » seraient absurdes. Contrairement au spirituel, qui concerne la vie intérieure de chacun, le religieux se professe au-dehors et en public. Il est même fait pour cela : arborer des signes extérieurs d'appartenance pour mieux se rattacher à une lignée. Ne faisons pas de notre laïcité une anti- ou une para-religion pour ceux qui n'en ont plus, sur le mode « ôte-toi de là que je m'y mette ». On ne sache pas que la loi de 1905 puisse nous poser un ange sur l'épaule. Ni une législation créer un sentiment d'appartenance, d'entraide mutuelle et de fierté collective.

D'où venons-nous ? Qui sommes-nous ? Où allons-nous ? Quelle filiation et quelle destination ? Aucune loi ne peut ni ne doit répondre à ces questions qui sont du ressort de chacun, en son for intérieur. La laïcité n'a pas d'hymne, ni de chanson de marche (même si la République eut jadis ses orphéons, du temps où l'on pouvait mourir pour elle). Sa ligne mélodique est pauvre, son imagerie également, et l'homme est sujet aux images. Elle ferait pour le moins sourire si elle prétendait rivaliser avec des formules anti-douleur polies par la tradition, infiniment mieux armées qu'elle pour nourrir l'espérance ou l'utopie bienfaisante. Elle n'est pas douée pour le merveilleux ni faite pour bercer la misère humaine, et la critique rationnelle des rêves collectifs ne fera jamais un rêve collectif. On ne détruit que ce qu'on remplace, et si notre laïcité faisait une religion de remplacement, elle ne serait plus ce qu'elle est, un cadre de coexistence entre convictions différentes et non une conviction parmi d'autres.

Un laïque n'a donc pas à envier ce qui n'est pas de son royaume, même si l'évidement désenchanteur de la scène publique, où s'agitent tant de gestionnaires sans doctrine ni longue vue, joint à l'affaissement des rituels républicains (baptême et parrainage du même nom, mariage civil, funérailles non religieuses), engendre un orphelinat symbolique faisant appel d'air. Mais n'attendons pas d'une architecture institutionnelle les frissons, les battements de cœur que seuls une légende, un mythe ou un grand récit mobilisateur pourraient aujourd'hui offrir. On ne voit pas que le droit civil puisse rivaliser en ferveur avec la justice divine, car tout enthousiasme collectif exige son grain de folie, et le laïque dans ce domaine est plutôt rabat-joie. C'est d'ailleurs toute la difficulté d'une « politique de la raison », cette quadrature du cercle. Il n'y a pas de politique sans l'appoint d'un irrationnel (d'ordre imaginaire ou mythologique), en sorte qu'un rationaliste ne peut se mêler des affaires publiques, ni a fortiori gouverner sans se renier en tant que tel, en piochant dans l'arsenal infralogique et sous-cutané de ses adversaires. Les hommes d'État doivent remplir leur devoir d'extravagance, mais en faisant la part du feu. Un grain de folie, mais pas plus. C'est là un art subtil et périlleux, entre le trop et le trop peu.

Un État laïque, disait justement Condorcet, se prive du « droit de décider où se trouve la vérité, où réside l'erreur ». Il n'est pas l'arbitre des croyances, n'en assumant aucune en particulier. Son seul catéchisme, c'est la Déclaration des droits de l'homme, le seul texte qu'il s'autorise à afficher dans les commissariats, à diffuser dans les écoles, à invoquer au tribunal. Soit. Mais il ne dit rien sur ce qu'il convient d'aimer, d'espérer ou de haïr. La laïcité est muette sur les valeurs ultimes et les fins qui ordonnent une existence. Une législation ne fait pas une culture, pas plus qu'un Code civil ne fait une mémoire, et des décrets-lois, une table de valeurs.

Il ne saurait y avoir de vérité d'État ni de doctrine imposée, comme ont tenté d'en instaurer nos lois mémorielles, antilaïques s'il en est ; et une école est républicaine quand elle enseigne non ce qu'il faut penser, mais comment s'y prendre pour penser par soi-même. Cette abstention délibérée fait à la fois la grandeur et la servitude d'un principe qui a le tort et le mérite de se lier les mains en s'abstenant de répondre à la question du sens de la vie et de la mort, et les confessions religieuses ont beau jeu de voir en lui une coquille vide et formelle. Elles se posent en instances instituantes des institutions humaines, puisque parlant au nom de Dieu, qu'elles voient comme le seul énonciateur en dernière instance de la vérité et du bien.

Dans le vis-à-vis des Églises et de l'État, reconnaissons que ce dernier est le pôle faible, sa force physique étant sans métaphysique. L'Église a la fontaine de vie, l'État, la maréchaussée et la Sécu. L'Église m'indique la voie à suivre pour ne pas finir en enfer, la République, les règles à respecter pour ne pas finir en prison. Sous l'angle des rétributions auxquelles on peut s'attendre, la loi contre la foi, comme l'amnistie contre le pardon, ou le péché contre le délit, c'est pot de terre contre pot de fer. L'offre laïque qui est la paix civile ici-bas est sans doute modeste à côté des houris paradisiaques et de la félicité éternelle, mais l'échange d'un ici-bas vivable contre un au-delà des plus hypothétiques, après tout, ce n'est pas un marché de dupes. Le pis-aller n'étanche peut-être pas notre soif de plénitude, mais, comme on dit, un tiens vaut mieux que deux tu l'auras.

Il y a de la grandeur dans ce pari sur nos forces propres. Un vrai challenge, puisqu'il faut parler franglais. Un laïque considère qu'une société sans dogme ni prophète ni Messie n'est pas condamnée à l'angoisse du vide ni à l'anorexie et qu'il incombe au libre arbitre de chacun, avec les moyens du bord, de faire son plein d'imaginaire et de fins ultimes. Un régime laïque dessine un entre-nous où chaque moi-je peut choisir son horizon de sens. Choisir la folie qui lui permettra de se dépasser, si l'on admet, avec La Rochefoucauld, que celui « qui vit sans folie n'est pas si sage qu'on croit ». C'est mettre, en fin de compte, la transcendance en autogestion. Un pari optimiste sur l'aptitude des individus à déroger au triste principe de précaution pour les emportements fraternels qui lui conviennent le mieux. C'est un humanisme très ambitieux, un idéal difficile à atteindre, mais je n'en vois pas, pour ma part, de plus respectable.

Si là est notre ultime ligne de défense, veillons à ne pas en faire une ligne Maginot version 1940, mais plutôt, pour suivre la métaphore, ce que fut la Marne en 1914 : le début d'une reconquête.

Composition : IGS-CP à L'Isle-d'Espagnac (16)
Impression par CPI Firmin Didot,
à Mesnil-sur-l'Estrée, en décembre 2016
Dépôt légal : décembre 2016
Premier dépôt légal : septembre 2016
Numéro d'imprimeur : 139099

ISBN : 978-2-07-269936-8/Imprimé en France

315792